青少年应知的
收藏知识

张云生　棘　青　编著

吉林人民出版社

图书在版编目(CIP)数据

青少年应知的收藏知识 / 张云生, 棘青编著. -- 长
春 : 吉林人民出版社, 2012.4
（青少年常识读本. 第2辑）
ISBN 978-7-206-08740-0

Ⅰ.①青… Ⅱ.①张… ②棘… Ⅲ.①收藏 – 中国 –
青年读物②收藏 – 中国 – 少年读物 Ⅳ.①G894-49

中国版本图书馆CIP数据核字(2012)第068480号

青少年应知的收藏知识

QINGSHAONIAN YING ZHI DE SHOUCANG ZHISHI

编　　著:张云生　棘　青

责任编辑:王　静　　　　　　　　封面设计:七　洱

吉林人民出版社出版 发行(长春市人民大街7548号　邮政编码:130022)

印　　刷:北京市一鑫印务有限公司

开　　本:670mm×950mm　　　　1/16

印　　张:13　　　　　　　字　　数:200千字

标准书号:ISBN 978-7-206-08740-0

版　　次:2012年7月第1版　　　　印　　次:2023年6月第3次印刷

定　　价:45.00元

CONTENTS 目录

文物、古董、古玩——从历史纪念到时尚赏玩 …………………001

绝品收藏——追随人类的特殊产业 …………………005

文物保护法颁布——民间收藏走向正轨 …………………008

传世、出土与流失——中国文物存世的三种途径 …………………011

消费与投资——收藏的两种心态 …………………014

存文物能否保值——投资者最关心的问题 …………………017

凝土成陶——最早的人类艺术创造 …………………021

古陶升温——万年泥土焕发姿彩 …………………023

俑——人殉与始作俑者 …………………027

惊人的俑，惊人的美 …………………031

秦砖汉瓦——会讲故事的陶土 …………………035

画像砖——非雕非画的建筑装饰 …………………037

瓦当——保护屋檐的艺术品 …………………039

唐三彩——流光溢彩的低温釉陶 …………………042

目录CONTENTS

绚彩明器——彰显盛世繁华 …………………………044

明清紫砂器——文人至爱的雅致陶艺 …………………047

供春名壶——紫砂胜于金石 …………………………051

曼生紫砂器——文人与匠人联手打造的曼妙风骨 ………053

青铜时代——合金铸就的千年文化 …………………055

收藏青铜——古人的无上荣光 ………………………059

看质地、辨锈色——赏古铜独有的美丽 ………………061

青铜重器——簠簋不饰与不廉 ………………………063

楚庄王问鼎——铜铸典器象征王权 …………………067

合金古镜——青铜文化的延续 ………………………069

帝王千秋镜——不是扬州百炼铜 ……………………073

古铜镜辨伪——听声、看形、辨锈、闻味 ………………076

博山熏炉——汉武帝的幻境追忆 ……………………080

宣德铜炉——藏家可遇不可求 ………………………084

CONTENTS 目录

稀有名炉——真假难辨，仿品也分"高下" ………………088

景泰蓝——瓷器和铜器完美结合 …………………………091

金属珐琅器——风格多样，慧眼鉴藏 ……………………098

高火瓷器——脱胎换骨，浴火重生 …………………………103

青似玉，白如雪——美瓷PK分两派 ………………………108

陶瓷之路——改变了中国与世界的关系 …………………112

宋代名窑名瓷——汝官哥钧定，名扬四海 ………………114

浓墨重彩话青花——当景德镇读懂了金属元素 …………120

千年古玉——厚德载物，执玉帛者万国 …………………128

玉有软硬，天生就带着神秘色彩 …………………………132

黄金有价玉无价——玉是古人最厚重的见面礼 …………135

美石礼器——玉璋与男尊女卑 ……………………………138

葬玉与不朽——墓葬中历史的洗礼 ………………………144

饱沁沧桑出土玉——诡异斑斓，藏家珍爱 ………………148

目录 CONTENTS

黑红漆器——典雅富丽，千文万华 …………………………… 152

千年彩漆——历史也曾勇敢挑战非主流 …………………… 157

竹木牙角——精美绝伦的雕虫小技 ………………………… 163

民间竹木雕——独领风骚的原生态工艺 ………………… 166

象牙犀角雕——资源匮乏的珍稀藏品 …………………… 169

文人书画——中国式文化消遣 …………………………… 173

老古玩铺——三年不开张，开张吃三年 ………………… 178

古玩经销——与众不同的另类生意 ……………………… 180

卢吴公司——中国最早最大的文物出口公司 ………… 184

袖内拉手——旧日琉璃厂的古玩行规与行话 ………… 189

不打假、不三包——古玩行不过3.15 …………………… 194

佳士得拍卖行——四代创业，百年风雨 ……………… 197

文物、古董、古玩
——从历史纪念到时尚赏玩

"一个民族的、天才的、最高的化身之一是其文化遗产。"

——联合国教科文组织

　　常言道："乱世藏黄金，盛世收古玩。"现如今的中国经济发展了，人民生活水平和文化素质都得到了不断的提高。越来越多的人开始被文化的魅力吸引，开始钟情于求索文明的成因。法律追踪讲求人证物证，历史寻源是不可能寻到人证的，可是，人类文明的载体——历代文物就是社会发展进程中最好的物证留存。于是，更多的人开始投身于对古代文化艺术品的寻觅与收藏之中。于是，古玩收藏也就成了一个越来越热的话题。20世纪末，中国文物更是迅速走红国际拍场，从此，世上开始不断流传出一个又一个传奇故事，也繁衍了无数个数不清的财富神话。

　　古玩收藏狂热、真假玄幻，文物拍卖红火、繁衍财富神话。究竟什么是古玩，哪些又算是文物，文物、古董、古玩是一回事儿吗？历经沧桑的文化遗产又缘何能与财富相提并论？

文物说得简单点，它就是一个物件，是一个记录历史的东西。

我们今天所讲的文物收藏最早可以追溯到春秋战国时期。那时候，就已经开始有了对前人遗留下来的器物的收集，这些器物也就是我们今天所说的文物。可是，"文物"这两个字在春秋战国时期和我们今天理解的还不完全一样。那时的文物是礼乐、典章制度的统称。《左传》中有这么一句话："文物以纪之。"这个"纪"和我们今天说的记录的"记"是一个概念，这里面说的"文"和"物"是两样东西，"文"就是文字，"物"就是古人所遗留下来的器物。

到了隋唐时期，对于"文物"一词的理解才基本上和我们今天一样。北宋中叶(11世纪)，以青铜器、石刻为主要研究对象的金石学兴起，以后又逐渐扩大到研究其他各种古代器物，这些器物被统称为"古器物"或"古物"。

在明代和清初，文物又有了一个新的称呼——古董，这个古董还有两种写法，一种是"古董"，另外一种是"骨董"，这两个词是一个意义。近代的邓之诚先生有一本书叫《骨董琐记》，这里用的就是骨头的骨。董其昌在《骨董十三说》一书中解释说："骨，即过去留存下来的最好的东西，如肉腐烂而骨头还在。董，即明白清楚。骨董即懂得古人留下的精华。"

今天有人把收藏品叫"古玩"，那是从清代乾隆年间(18世纪)才开始使用的，称之为古玩或文玩。从字面上看，是文人墨客把玩的古代器物。此说并不含轻视意味，而是宝物持有者自谦的一种说法。文物，原本它是一个记录历史的物件，可是到了称古玩、文玩时，就已经开始很重视它的玩赏性质了，从而收藏古玩也就成了伴随不同历史时期的一种特定阶层的时尚。

　　1928年6月，国民政府南迁，南京成了首都，北京变成北平特别市，成了"故都"。人们对老北京城有着无限的眷恋，从而更重视对故都文物的保存，因此成立了古物研究所，相当于今天的文物局。从此"文物"这一概念开始使用，概念范围扩大到所有可移动与不可移动的古物。

　　在国际上，日文中说的"有形文化财产"，近似于中国所指的文物，但其涵义和范围又不尽相同。联合国教科文组织一般把文物称作文化财产或者文化遗产。

　　通过文物和古董或古玩的比较可以看出，文物在时间的涵盖上要大于古董和古玩，因为文物可以是古代的，也可以是现代甚至是当代的，只要是优秀的文化产物都可以被列入文物范畴。而古董和古玩则不然，现代和当代的东西不能称为古玩或古董；内容上古董和古玩涵盖面也不能等同于文物，因为能够定为文物的毕竟是少数，文物必须是在文化发展史上有价值的东西。文物中能被称为古董、古玩的也以古代器物、艺术品、工艺美术品居多。当然，这些也就是我们说文物收藏常识中讨论的最多的东西。

　　链　接

中国历代特色文物

　　原始：陶器是重点，彩陶纹饰是最早的人类绘画。

三代：名产虽多，但遭秦始皇毁灭，唯有铜器、玉器流传。商周青铜器与埃及金字塔、希腊建筑雕塑并称古代文化艺术代表，从而驰名于世。

秦汉：技术发达，名产增多。铜器、玉器技术更精，秦砖汉瓦，妇孺知宝；碑碣摩崖，士林同珍。

晋代：大家书法，万世楷模。

南北朝：佛教造像，艺术源起。

唐代：绘画成功，砚石开采，成文化积淀。各种工艺繁荣，美学境界雅致，享誉全球市场。

五代：高火度瓷，南唐拓帖，战乱不影响文艺进展。

宋代：文化艺术高度发达，为后世称道。瓷器、玉器、漆器、书法、绘画、造纸、印书都达到顶峰。

明代：学唐宋，彩瓷大发展，宣德铜炉、景泰蓝成工艺特色。

清代：盛行仿古，文物古迹保存成就空前。

绝品收藏
——追随人类的特殊产业

歌德说过："收藏家是最幸福和快乐的人。"收藏家为什么幸福？为什么快乐？是他拥有和占有了吗？所有的收藏品都是人类共有的财富，而收藏家的主要的幸福和快乐，是建立在收藏的过程之中，是收藏本身的过程赋予其最大的幸福和快乐。

文物我们从历史的层面，从法律的层面都见识了，那么怎样才算是收藏呢？所谓收藏，收、是取，是收成；藏、是藏匿、隐藏、储藏。收与藏并不是完全同一的概念。两个字作为一个词连用，是指收聚储存，有时也指收藏的东西。最早在先秦文献《墨子》、《荀子》等书里就已经出现了。今天我们通常意义上所说的收藏，是说将自己喜闻乐见的、具有一定价值的东西，通过某种手段或方式收取过来、储存起来甚至永久保藏，当然也可能"待时而动"，用于投资与交易。

从古至今，国人的收藏门类就很庞杂，古器物、字画、民间工艺品、烟画、火花、邮票等等无所不有，可算是五花八门了，文物古玩也只是其中最大最热的一个门类。翻看中国收藏史，点滴中还会发现，文物古玩收藏于国人而言往往是别有意义的，甚至民国的赵汝珍对此都曾有过专门的论述。他认为收藏古代珍玩是过去人们消遣、积蓄、救急、升官谋缺、进身保禄的一种方法。

古代文人大多都是狂热的古玩爱好者。在古代，文人士大夫言行受到很多限制，除读书从政以外，其他很多娱乐活动为舆论所不容，于是只好以收藏玩赏古物为消遣。

每朝都有重要官吏靠古玩升官发财。官吏作为历代政权的执法者向来畏惧社会议论，对于自己的非法行为必然要多方遮掩。往来银号积累财富，多有不便。而古玩无定价，无价器物都有可能以极低廉的价格拣漏购得。官吏若藏有比其收入多数倍的古玩，会被社会视为合情合理之举。所以，官吏均以收藏古玩为隐藏自己真实财力的妙法。这是古玩为官吏热衷的一大原因。

另外，旧时官吏升迁不定，若在一地任职时购置不动产投资，一旦职务调动，管理及经营自己的不动产业是一件很麻烦的事。而且，社会发展早期并无银行之类的机构，收藏金银又多有不便。此种情况下，收藏古玩就成了变相的积财方法。

自古通过贿赂谋取差事虽是公开的秘密，但使用现银还是觉得有一点难堪，于是就选择用不好以金银衡量的古玩作为媒介代替，同时也可以因双方送收之物不是现金而规避一个行贿受贿的问题。比如某官缺卖价万元，谋求官缺的人如用现金，就会留下行贿的痕迹，如别人参奏更会引来不测。但是如果卖官缺的人将不值一钱的破铜烂铁送到古玩铺寄卖，索价万元，而买官的人立即用万元从古玩铺中购得，如此转换，则不留受贿卖官的形迹，任何参奏、任何调查都拿不到犯法的证据。所以，古玩又是过去卖官买官行贿受贿过程中一种不可缺少的媒介。

古人多以暴露家境困顿为耻。古人重面子，但凡日用开支偶尔不够用时，典当家产或挪借钱财都会觉得有失体面，这时抵押古玩又成了解救困难的一种办法。比如有官员缺银钱千元，就将价值两千元的古玩送到古玩铺，声称已经玩厌了，因要另购的古玩索价万元，还差千元，请求借支一千元，送来的这件古玩绝不能卖出。有这件古玩做抵押，古玩商自然乐意成人之美。此种挪借钱财的方法，不露穷相，的确高明。如果以房屋地产做抵押借款，则必然暴露出家庭的经济陷入困境，这正是古人深以为耻的事情。所以，这也是古玩为人们所乐意收藏的一个重要原因。

前面提到的这些收藏古玩对古人的意义，在今天有些可能也是适用的。收藏古玩在今天的意义，做客光明讲坛的文化学者赵珩先生有一句话："现今的收藏更像是一场财富游戏。"其说也颇值得玩味。当前的收藏群体规模空前，据相关报道，投身收藏活动的有望突破亿人。这阵容真的不能只是一种业余爱好，分明是全民经营的一项庞大产业。这些人中，有的是因为爱好，有的是出于保护，有的是当作存款，有的是为了投资，有的是炫耀品味。

文物保护法颁布
——民间收藏走向正轨

我们一讲文物收藏就不自觉地将话题指向个人的收藏，实际上，收藏可以分为六大类别：古、今收藏；中、外收藏；公、私收藏。这大概可以涵盖了收藏的所有范畴。民间收藏一直是收藏的重要力量。

一想到历史文物，往往就会想到国宝，那么，历史文物的民间收藏买卖是不是合法呢？20多年前，国家文物局有规定，文物是不允许私人买卖的。

2002年10月，《中华人民共和国文物保护法》正式颁布，在之后出台的《文物保护法实施细则》中，才首次将我国民间收藏纳入了全社会文物保护事业之中，确立了民间收藏的合法地位。有了拍卖公司以后，相当于给文物在民间的流传架起了比较正常的桥梁。

是不是所有的文物都适宜于个人收藏和被国家法律允许收藏呢？当然不是。比如古建筑、石窟雕刻等不可移动文物以及古墓葬中的出土文物等，就不是个人所能收藏的；还有的如甲骨、简牍、碑帖、写刻本、舆服、舟车以及革命文献文物等也不是收藏的大类。在各种文物中，目前适宜人们收藏、并且也为人们喜爱的主要还是除去建筑之外的历代艺术品。我国是世界东西方两大文明发祥地之一，以独具特色的东方艺术成为人类文明的重要组成部分。悠久的历史、不断发展的科学工艺为后人留下了大量的艺术瑰宝和珍贵文物。

我国法律中规定的文物

中华人民共和国建立以后，颁布了一系列有关保护文物的法规，都沿用了"文物"一词。直到1982年全国人民代表大会常务委员会公布了《中华人民共和国文物保护法》，才把"文物"一词及其所包括的内容用法律形式固定下来，并作出了全面科学的规定：

文物是人类在历史发展过程中遗留下来的遗物、遗迹。各类文物从不同的侧面反映了各个历史时期人类的社会活动、社会关系、意识形态以及利用自然、改造自然和当时生态环境的状况，是人类宝贵的历史文化遗产。文物的保护管理和科学研究，对于人们认识自己的历史和创造力量，揭示人类社会发展的客观规律，认识并促进当代和未来社会的发展，具有重要的意义。

文物在存在方式上主要分为可移动的和不可移动的历史文化遗存。

在年代上已不仅限于古代，而是包括了近、现代，直到当代。在类别上主要包括：

（一）具有历史、艺术、科学价值的古文化遗址、古墓葬、古建筑、石窟寺和石刻；

（二）与重大历史事件、革命运动和著名人物有关，具有重要纪念意义、教育意义和史料价值的建筑物、遗址、纪念物；

（三）历史上各时代珍贵的艺术品、工艺美术品；

（四）重要的革命文献资料以及具有历史、艺术、科学价值的手稿、古旧图书资料等；

（五）反映历史上各时代、各民族社会制度、社会生产、社会生活的代表性实物。

传世、出土与流失
——中国文物存世的三种途径

中国文物收藏伴随着社会文明从古至今数千年，可谓是源流久远、异彩纷呈。历史的辉煌无数次凝固在一个个或大或小、或轻或重的精美物件上，历朝历代的帝王官宦、显贵名士争相保藏，使之留存。纵观历史长河，中国历代文物能让如今的众多后人们有机会一饱眼福，主要有世代相传、墓葬出土和宫廷流失三种途径。

1.世代相传是文物最自然的留存。

早在商周时期，青铜器、玉器以及其他前代的遗物等诸多"名器重宝"就在皇室和贵族宗庙中多有保藏。秦始皇建阿房宫收藏六国珍宝。汉代，皇室收藏丰富，天禄、石渠、兰台都是有名的文物图书馆。隋文帝建妙楷台、宝迹台，分别保藏法书和名画。唐朝内府所藏法书名画多重加装裱，真迹还进行了摹写。

宋代是中国封建社会搜求、研究文物的最盛时期。除皇室以外，士大夫亦竞相收藏书画文物。士大夫家藏三代、秦、汉遗物多献于朝廷。徽宗宣和年间，皇室收藏多保存在崇政殿、宣和殿，以后又建保和殿，并在其左右分建稽古阁、博古阁，以储古玉、印玺、礼器、法书、图画。

金时，装潢内府所藏书画，前后以花绫隔水，尾纸用高丽笺，保护更加考究。元代于宫廷中设典瑞院，收藏鼎、彝、古器、书画。明代中期以来，我国出现了资本主义萌芽，新兴的大批富商阶级效仿文人士大夫附庸风雅，收藏古玩成风，而此时由于国库空虚，往往以书画作价当俸，致使宫廷旧藏大量流入私家之手。

清代由于康熙、雍正、乾隆三朝皇帝的爱好与重视，皇室收藏极为丰富，远远超越前代。在140多年间，历代珍品无不囊括于府库之内。

2.历代显贵的陪葬珍宝被盗墓或考古挖掘出土。

历代帝王贵族都有厚葬的风气，他们视死如生，把大量珍宝带到坟墓之中陪葬，因此，历代名贵古玩珍宝能得以存世。除了传世品之外，就是保存于地下的帝王贵族墓中。这些宝藏有的早被历代挖掘出来，成为了传世古玩；当然也还有很多至今仍然沉睡在地下。

3.历代宫廷旧藏流失，珍宝散落四面八方。

这里所说的流失，更多更直接的原因是朝代更替和战争带来的掠夺和占有。秦统一全国后，建阿房宫藏六国珍宝；隋灭陈，得其书画数百卷；金灭北宋，内府所藏尽数据为己有。

康雍乾清三代宫廷收藏是宋以后最大规模的集中，囊括历代珍品。当时的紫禁城和圆明园等皇家御苑是18世纪我国及至世界上艺术珍品的最大宝库。这空前绝后的大量宫廷珍藏所经历的大规模掠夺流失也绝对史无前例。清朝宫廷旧藏珍宝的流散，除了少数是赏赐给一些亲王的之外，主要由于发生战争时被掠夺流失。

1860 年，英法联军侵入北京，火烧圆明园，疯狂地抢劫。1900
年，德、日、俄、英、法、美、奥、意八国联军攻占北京，对宫
廷收藏的珍贵文物和古籍又大肆掠夺。今天，英、法、美、日等
国的许多博物馆及私人收藏的中国文物中，很多来源于此。

消费与投资
——收藏的两种心态

　　今天讲到收藏，很多人首先想到的是意外之财。比如说类似某电视台的《鉴宝》节目现在比较火，河南、陕西、浙江等地方台也都开播了。但是他们都过于偏重对经济价值的强调，而经济价值都是由所谓的专家判定，但这些只能代表目前市场上的一部分情况，并不能真实反映文物本身实在的价值。

　　其实更好的做法，是使受众更多地从艺术价值，甚至历史价值和科学价值来判断，类似纸张、墨色、釉色、光泽等，都应该让人们知道。现在的偏重点都是将观众引向对经济价值的关注。哪个方队对经济价值的推测，跟专家价格比较接近，谁就是优胜者。但这些可能都没有多少科学依据。

　　收藏文物要有钱、有闲，还有更重要的一点，要有文化。现在有些收藏风是不健康的。只要有钱，便想将流动资金转向收藏市场。很多人对收藏文物并不懂，只是看成一种数字，几十万，几百万，几千万，完全由别人来鉴定，自己始终在数字里绕圈儿，并不懂得文物本身的价值及蕴含的文化。如果说，不从全民文化素质的提高层面上去改善我们现在的收藏生态，那么，我们的文物收藏、流传、保护、传承依然存在很大的问题。

国内一位知名的收藏家曾说，真正的藏家是在消费和享受藏品，而不是单纯意义上的投资。对于收藏，有两个概念，一个是"在库"，一个是"在途"。在库，是指进入博物馆或是在收藏家手里。这种收藏的概念接近于传统观念中的雅收藏，更强调精神享受。而在途，都是经纪人或是投资者买，直接以追求经济价值为主要目的。大收藏家多为雅收藏，生前往往是不会卖自己的收藏品的。成熟的收藏市场应该是在库比例超过在途，但我国现在正好相反。我国现在真正愿意收藏、玩得起买得起的收藏家并不多。中国现今拍卖公司的火热，正好是我们"在途"的一个注解。我们大部分人在途，是为了投资。所以便到拍卖市场，盯拍卖指数、竞争程度，看到有人争就抢，没有自己的主见。很多真正的收藏家一生都没有进过拍卖行。他们收藏完全不是为了投资，而是对艺术品、收藏品的消费。真正的收藏家，收藏文物更多的时候是为了欣赏，将收藏视为一种享受，跟是否升值没有绝对的关系。

链　接

藏瓷——玩品选老窑，投资理财看明清

有人说，收藏陶瓷，能赏玩到老窑瓷器是高雅，能赏玩到远古陶器便是有境界。

陶瓷收藏行当里有一种奇特且泾渭分明的文化现象，很是耐人寻味。商界精英，大多喜欢一掷千金投资收藏明清官窑青花彩瓷；而美学修养高深的文人、画家、艺术家等，独偏爱老窑瓷器、高古陶器、远古彩陶。

相比之下，明清官窑民窑青花彩瓷无疑是漂亮的，摆在架上夺人的光彩肯定是高古陶器所没有的。作为装饰性的收藏，其备受商界精英关注。有了这份夺人的美丽，有了这批重量级藏家的关注，明清官窑民窑青花彩瓷增值快也是必然的了。但作为美学艺术收藏、修身养性收藏、人文精神收藏，收藏老窑瓷器和高古陶器，则比收藏明清官窑、民窑青花彩瓷，更有艺术品味，更有人文价值。这两种藏家群体选择上的泾渭分明，也算是各取所需、各寻所爱吧。

存文物能否保值
——投资者最关心的问题

文物的价值和作用，并不直接与金钱有关。存文物能不能保值，所有的投资者肯定都关心这个问题。

文物具有的三个价值：第一是历史价值，第二是科学价值，第三是艺术价值。

现存文物的沧桑表情完全可以让人们由此追寻到历史的足迹，所以文物的价值首先是历史价值。不同类的文物都具有历史研究价值，因为它们都从不同的侧面分别反映了当时社会的生产力、生产关系、经济基础、上层建筑以及社会生活和自然环境的状况，是帮助人们认识和恢复历史本来面貌的重要依据。

文物承载着的科学价值，主要是指文物制作工艺等所反映的其所在时代的科学技术水平，它所体现的是在自然科学或者工程技术科学方面的价值。

另外，每个国家和民族都有自己独特的文化传统，而且这些文化传统往往成为人们为维护民族独立和争取解放而斗争的精神支柱。各个国家和民族的文物体现了各自长期形成的共同的心理素质、意识形态、生活习俗等特点，在一定意义上说，文物是民族文化的象征。因此，文物对于一个国家及其各族人民能产生强大的凝聚力和激励作用，这也是文物价值的一个重要内容。

各种类别的文物中，最大量的文物是具有艺术价值的古代艺术品，包括历代的书画、建筑、雕塑和工艺品(陶瓷、玉石、漆器、金属工艺、竹木牙角、织绣等)。

同时文物还有三个作用：教育作用、借鉴作用、科学研究作用。那么，是不是文物就没有经济价值呢？不，有经济价值。但是经济价值是人赋予它的，而不是文物本身所有的。

因为文物的经济价值是人赋予的，当然不可避免地要有许多人文因素来左右文物的经济价值，比如不同时期、不同地域、不同文化背景下的人就会持有不同的审美观，当然也就会有不同的价值观。这就应该算是与物品本身无关的潮流转变带来的风险，多少有些不可预见性。

文物、古代艺术品，本来无法准确估价，它不像新的产品，其价值就是其使用价值；其市场销售价格可以在计算成本，并加上一定的利润后制定出来。古玩，或是地下出土，或是祖先遗留，不能以使用价值对其进行评估。其价值体现在其历史价值、科学价值和艺术价值。而这个价值的确定是十分复杂，很难量化的。那么如何区分其价值大小呢？简单的方法，我们可以按照国家的文物定级标准来划分。

各类古玩艺术品的估价是在分析、品评、判断其价值的基础上，再根据其存世数量的多少和历年来市场交易情况作出的。这个估价只能是一个大致的估算，不应该也不可能像现在某些书籍与电视节目那样，煞有介事地"准确"定价。另外，在具体情况下，会因为一件艺术品的珍稀程度与其竞购程度的不同上下浮动。特别是近年来，我国经济发展很快，各类和各种级别的、珍稀情况不同的古玩艺术品都被竞相购藏，其价格涨幅很快，出现了价格都高过价值的情况。但理论上，三个价值层次的标准应该是一定的，并且，价值或称为品质，应与存世数量或称为珍稀程度是一致的。

投资古代文物珍玩，如今有人称其为第一流的投资。这大概就缘于：首先，文物价值不是金银货币所能简单衡量的，而且世界公认流通；其次，文物收藏增值率奇高，所谓古玩店"三年不开张，开张吃三年"说的就是这种情况，文物古玩最具有保值效益；当然，以文物收藏投资还有其他投资所不能比拟的情趣品味，是一门高雅的艺术投资，自古以来都是一个特定阶层身份的象征。

古代珍玩的增值多少都有些传奇色彩，一夜暴富的神话比比皆是。但是高收益永远都是与高风险结伴而行的，这是不争的经济规律。所谓"知彼知已，百战不殆"。提高学养就是提高眼力。规避风险的办法，只有了解和熟悉文物相关的综合学问，再与日新月异的现代科技相结合才行。文物相关的综合学问包括文物的基本知识，它的年代、起源、历史、工艺、文化内涵以及演变和变化规律等等许多方面的细节。分门别类了解起来，也是一门涉及多学科多角度的极庞大精深的杂学。

购藏文物珍玩的渠道

如今购藏文物珍玩的渠道主要有文物市场，拍卖公司和民间交易。

文物市场是由国家大小文物商店和个体经营者共同组成的艺术品流通领域。此类市场各店专业分工色彩很强，商家从事专项经营，便于客户集中挑选，并能随时咨询相关行情。

在拍卖公司购藏文物的门槛很高，但是通过拍卖从事投资风险相对较小，拍品事先都要经过严格的鉴定和筛选，购藏者能在这里收获到精品。

民间交易是最大众的艺术品流通渠道，逛摊儿往往能有捡漏淘金的意外收获。

凝土成陶
——最早的人类艺术创造

　　有人曾以"古玩地摊上寻找失落文明的考古者"来形容民间收藏家，这是一个高品位的光环，唯美而深沉。但民间收藏与考古涉及的范围是有差异的。考古在历史相关范围内无所不及，民间收藏则侧重以历代艺术品、工艺品和各种器物为主。说起人类最初的艺术创造当然非陶器莫属。

　　民以食为天，器以食为先。原始器物的出现也必然因饮食而起，所以饮食具总是最早的器物。

　　在人类学会使用火并且开始定居生活以后，谷物或水产等成了人们的主食时，用于水煮食物的烹饪容器成了迫切的需求。有人说，每一次容器革命都是人类文明的坐标。视角很独特，想来又是妙趣横生。经过漫长的实践，先民们终于在火的作用下凝土成陶，朴拙的坛坛罐罐满足了生活的需要，也在人类文明史上定位了第一个容器坐标。

　　早在一万年以前的新石器时代，我们的祖先就已经发明并开始广泛使用陶器。但是由于找不到发明人，便把功劳给了神农，还煞有介事地将此事记载于《周书》。于是可爱的先民们又赋予了圣人爱护百姓的美好想象，并以此来解释陶的起源。

现代生活中，眼皮子底下的实用陶器大概就剩下朴实无华的陶泥花盆了。但是这朴实的容器在史前意义可是非比寻常的。浴火的陶泥曾经照亮了人类的史前黑暗时代。陶器的发明是新石器时代的一个重要标志，是人类第一次利用天然物，按照自己的意志，创造出来的一种崭新的物件。

在新石器时代就已经出现了风格粗犷、朴实大方的灰陶、红陶、白陶、彩陶和黑陶等。后来，虞舜依照夷人发明的方法改进了制陶，夏桀用陶土建造房屋。周朝的礼制注重使用陶器，故设官吏专门掌管制陶。在战国时发明了铅釉陶器。秦代有兵马俑，有缶、量之类的陶制器具，汉代有砖瓦，三国有精美的陶制器具，南北朝时有土俑，隋唐时有陶制的佛像及杂物，唐代的三彩釉陶达到了一个顶峰。到了五代末期，瓷器发明了，制陶工艺也就不再改进。历经宋、元、明、清数代，制陶之法沿袭，并无太多改变。若要追溯其递变和详尽过程，自然以尊之类的饮具为最早，釜之类的食具次之，其他杂器又在其后，砖瓦是最晚的。

古陶升温
——万年泥土焕发姿彩

陶泥土器在中国有一万多年的历史，因多以平民生活器具和陪葬明器为主，似乎总觉过于质朴而难登大雅。所以对于陶器，最初国内的藏家们并不重视，只有考古学家在关注。在民国中期，有些因八国联军掠夺而流失海外的中国古陶以惊人的价格现身欧洲文物市场。这以后，中国的古陶市场才开始升温。有了更多的人开始关注陶器多姿多彩的工艺。对年代久远的陶泥土器更是倍加珍爱，甚至不惜重金收购。

陶器按其工艺发展特征可以分为红陶、灰陶、蛋壳陶、黑陶、印纹陶、白陶、彩绘陶和唐宋辽三彩等。

红陶是色呈土红色、砖红色或褐色的陶器，有夹砂陶和泥制陶两种。红陶在原始社会新石器时代的各个文化中最为普遍，而且在以后的各个历史阶段，也一直没有中断。新石器时代早期的手制陶器，以夹砂粗红陶为主。掺有细砂的则称为夹砂红陶，主要作炊具。陶土纯净细腻，含细砂少的称为泥质红陶，主要作饮食器和盛储器。进入夏、商以后，红陶就逐渐衰落了。

灰陶是颜色呈灰色或灰黑色的陶器，有泥质灰陶和夹砂灰陶两大类。灰陶器花纹装饰简单，是日用陶器中生产数量最多的品种，历史也最悠久，至今没有中断。从仰韶文化一直到汉代，灰陶的生产工艺水平一直都很高。灰陶在夏代的陶器中占有重要地位，商、周时则占绝对统治地位。

蛋壳陶因器壁极薄，接近蛋壳而得名。最初发现于山东章丘龙山镇的城子崖，有黑陶和彩陶两种。陶器普遍采用轮制，壁薄而均匀，造型规整。黑陶陶质细腻，色泽漆黑光亮。在大汶口文化晚期墓葬中已有发现，在龙山文化时极盛，器物主要为高柄杯。彩陶见于屈家岭文化中，器型主要有杯和碗。

黑陶一般陶胎较薄，胎骨坚密，漆黑光亮。和红陶、灰陶相比，黑陶的生产标志着陶器烧造技术的进步。黑陶在原始社会新石器时代仰韶文化就已开始生产，但数量很少，胎体较厚，颜色不太黑。

印纹陶泛指拍印花纹的陶器。早期的印纹陶多为夹砂粗陶，质地粗糙，火候很低。由于采用手制，特别是泥条盘筑法所制的陶器，需要经过拍打才能使坯体内部结构更加紧密，于是就在陶器表面轻轻拍打留下印文，其器表纹饰主要为几何图案，因而也称"几何印纹陶"。根据胎质和火候的不同，印纹陶有印纹软陶和印纹硬陶之分。

白陶是表里和胎质都呈白色的一种素胎陶器。以瓷土和高岭土为制陶原料，烧成温度在1000℃左右，制作基本采用手制，后逐步采用泥条盘筑和轮制。器形种类不多，白陶器在河南西部一带的龙山文化晚期和二里头文化早期遗址中皆有发现。商代晚期是白陶高度发展时期，以河南安阳殷墟出土数量最多，制作也相当精致，胎质纯净洁白而细腻，器表多刻有饕餮纹和曲折纹等精美图案。

彩绘陶是在已烧成的陶器上用不同彩料绘画作为装饰的陶器，彩色容易脱落。新石器时代的大汶口文化、马家浜、良渚等文化均有发现，以大溪、屈家岭和良渚文化的朱黑陶最为突出。楚国、秦、汉是彩绘陶的极盛时期，一般均在灰陶器上绘彩，因此也称灰陶加彩器。至唐代时已走向衰落，受佛教影响，纹饰变为仰覆莲花，也有少量菊花、梅花。

唐三彩是唐代彩色低温釉陶的通称。其彩色并不仅限三色，一般有绿、黄、蓝、白、紫等多种色彩，但以黄、绿、白为主。三彩陶用白色黏土作胎，以含铜、铁、钴、锰等金属元素的矿物作着色剂，配以温釉，施于坯体表面，在800℃左右的低温中一次烧成，也可烧素胎，再施彩色釉，第二次烧成。唐三彩主要见于随葬的明器，样式仿制死者生前的普通生活器皿。唐三彩制作的高度成就对宋、辽三彩及明、清景德镇釉上彩的发展有着重要的影响。

宋三彩是继唐代之后，宋代仍继续生产三彩器，装饰技法较唐三彩丰富。磁州窑系各窑及河南的登丰、修武、宝丰等地为其主要生产区域，在河南巩县芝田村也曾发现宋三彩窑址。宋三彩以生活用具为主，有枕、洗、盂、佛塔及一些玩具，陶俑相对较少。宋三彩的胎质有的粗松，含杂质较多；有的细密坚硬，胎色白中泛灰或呈浅红色，表面敷有一层化妆土。彩釉以绿、黄、褐为主，还有艳红、乌黑及翠绿等色，

辽三彩是辽代生产的低温彩色釉陶制品。辽三彩受唐三彩影

响，多用黄、绿、白三色釉，器型中富有契丹民族的风格，有方碟、海棠花式长盘、鸡冠壶、筒式瓶等。装饰手法有印花、划花两种，一般情况下，盘、碟采用阳文印花，琢器采用划花。辽三彩与唐三彩的区别除胎土不同外，主要是三彩中无蓝色，施釉不交融，釉面少流淌。

古陶器源于自然而芬芳的泥土，有着阳光雨露的温润气质，经历了水的洗礼、火的涅槃，才得以修成正果，成了相伴人类日常生活中不可缺少的必需品。

古陶器的制作代表了我们民族的文明和演进过程，是中国文化高踞于世界文明之巅的一种骄傲。一件件古陶器物，无论是造型，还是纹饰、配色，无不反映了国人的生活观、社会观、艺术观和宗教观，显示了中华民族的古老文化。

中国古陶器所独具的艺术魅力倾倒了中外收藏家。尤其是近些年来，文玩市场活跃，古陶器频频亮相于拍卖殿堂，不断爆出5位数以上的高价，并且已经成为与古瓷相并列的极受世人青睐的一个独立的收藏门类。

链　接

古陶的锈色辨伪

古代陶器以有土锈为珍。古陶真品上会有像土胶一样不脱落的锈斑，用烧开的水冲会发出一种馨香的味道。

俑——人殉与始作俑者

陶俑是用陶土烧制成的以现实中的人物或动物为主要表现对象的陶塑作品，在中国古代美术史和雕塑史上占有十分重要的地位。早在新石器时代，人们就开始将泥捏的人体、动物等一起放入炉中与陶器一起烧制。陶俑多用做古代陪葬的明器，是中国社会发展到一定阶段的产物，是奴隶社会人殉制度的延续，是代替活人殉葬的偶像。

说到这儿，不能不关注一下历史上的人殉制度。

人殉，不是中国的专利

人殉，顾名思义就是以活人来为死者殉葬。无论是埃及法老的金字塔里，还是巴比伦国王的陵寝中，都曾发现过大量的殉葬者。综观中外历史，几大文明古国都有以活人殉葬的习俗。殉葬者先斩首后埋者有之，被肢解者有之，被活埋者亦有之，死状不一。当时奴隶主之残忍，想起来都让人不寒而栗。

上溯3 000多年，在我国的商朝时，帝王公侯乃至大小奴隶主死后，常常要用大量的奴隶来殉葬。从已发掘出的商代墓葬中可以看到，少则数十人，多者竟达数百。

至于使用人殉的原因，历来说法不一。主流的观点认为，由于当时的特权统治阶级占有绝大多数社会财富，并且拥有大量毫无人身自由的奴隶。他们希望自己在死后也能同生前一样享受富贵，于是在自己的坟墓里放置大量活人用的器物，并杀死奴隶使之与己同葬，希望自己在死后可以照样得到这些奴隶的服侍。

《尚书·盘庚篇》中记载有盘庚迁都殷时对臣民的讲话。《盘庚篇》分三篇：一是对"众"劝告；二是对"民"威胁；三是到殷之后对"众"慰劳。"众"又称为"百姓"，是官员、贵族和奴隶主；"民"又称为"畜民"、"万民"，是数量众多、贱如牲畜的奴隶。可见当时商的奴隶是占人口总数的绝大多数，奴隶主可以肆意杀戮奴隶为自己殉葬，一旦奴隶数量不够，便会再发动战争来掠夺奴隶。

俑取代人，殉葬的人性化之路

中国历史在商、周之交发生了天翻地覆的变化，其程度远远超过了夏、商更替所产生的变化，并且对后世产生了极大的影响。

《论语》中说到：夏尚忠，殷尚质（鬼），周尚文。夏朝崇尚忠诚，追求淳朴；殷朝的执政思想是神本主义，以宣扬鬼神天命愚民。统治阶级告诫奴隶说："你们的生命，是我替你们从上天保留下来的。"而周朝则借鉴殷朝灭亡的教训，看到了民本的重要，开始创建礼制，使用礼教、文教来开化、统治人民，并不提倡使用鬼神天命之说。

相传周朝的礼乐、典章制度均为西周的周公旦所制，他也因此被尊为儒学的奠基人，成了孔子一生最崇敬的古代圣人级偶像。周公旦的言论在《尚书》中有所保存。周公提出统治者要把民的痛苦看成是自己的痛苦，并加以重视；他还反复告诫其子弟臣僚不要贪图安乐，恣意妄为，作怨于民，而应该体察民情，关爱老人，还要把民众当成自己的镜子。

统治思想的这种变化，反映到殉葬中，也就有了周与商的显著区别。

商朝大祭祀，用牲口多达数百头之多，而周朝大祭祀最隆重的只是用一牛一羊一豕（即"三牲"）；商朝大量杀死奴隶做人牲来殉葬，而周朝则从用草人、土车殉葬，发展到春秋战国后以陶制的俑人来殉葬，基本不用活人来殉葬。

自周以后，中国走上了一条以民为本的道路。既然以民为本，统治者就不能随心所欲地杀人来为自己殉葬，至少他们不能明目张胆地干，因为这一举动违背了统治者提出的重民的主张。但从历史上看，以活人殉葬这一残忍的行为在古代从未根本消失，在封建王朝里，同样有以活人殉葬的，比如皇帝死去，生前的一些嫔妃为之殉葬等，只是其规模与数量已经大为减少。

人殉这种惨无人道的行为逐渐被以纸扎、木刻或陶制的人形俑所取代。这不能不说是一大进步，应该是爱惜生命的一种进步吧。

孔子眼中的始作俑者

《孟子·梁惠王（上）》中有如下记载，"仲尼曰：'始作俑者，其无后乎！'为其象人而用之也。如之何其使斯民饥而死也。"

从孟子所表示的孔子对人生尊严的态度，可以看出孔子捍卫人的尊严的立场是极其坚定而明确的。他不容许任何力量侵犯人的尊严。

在孔子的思想中，最重要的是他尊重人，爱人的思想。在他生活的那个年代，殉葬是很普遍的事情，稍有地位的人死的时候都要用活人殉葬。殉葬的人越多，才越显示出他的社会地位。而孔子那时就坚决反对这种拿活人陪葬的做法，他甚至反对拿陶俑做陪葬，因为这种陶俑还是人的样子，是对人类的不尊重。所以有了"始作俑者，其无后乎"这种对拿陶俑做殉葬的人的抨击。

由此亦可知，始作俑者应是孔子之前的事情。虽然目前尚无断定其出现最早的具体时间，但从文献和实物考察，至少在东周时俑已产生。此后，俑作为随葬品中的大宗器物，一直绵延不绝至宋代以后，随着纸明器的发达使用，陶俑才逐渐退出了随葬器的行列。如今还存在的为死者烧纸钱、纸扎的生活用品，特别是烧纸人，其实就是古代殉葬陋习的现代版。

惊人的俑，惊人的美

"不看金字塔不算真正到过埃及，不看秦俑不算真正到过中国。"

——法国前总统希拉克

中国不惟有秦俑

提及俑，人们肯定会首先想到被誉为世界第八大奇迹的秦始皇陵兵马俑。这当然并没有错。毕竟声势浩大的秦皇地下军"横空出世"，震惊了全世界。但是，我国出土过的陶俑不惟有秦俑，还有上起公元前5世纪的战国泥俑，下迄公元17世纪的明代陶俑。其间，历汉、魏、晋、南北朝、隋唐、宋、元各代，陶俑层出不穷，无不以鲜明的时代特色和丰富的内涵，彰显着时人的风采。

据《通典》中记载："埋棺于地下，棺前设鼎彝，两旁列俑像。"国家将这种葬式定为典仪，由此可以看出，整个社会对殉葬品的重视。通常，墓主人品级越高，随葬品及陶俑越多。秦俑阵容的庞大和阳陵汉俑的众多，显然让世人叹为观止，但这些已发现的俑坑，不过是墓主人的某一个附属的葬坑罢了，震惊了世人的数量其实只能算作百万大军中的一两个排头兵。

俑的种类多不胜举，大体上可分为人物俑、动物俑、镇墓俑三大类。人物俑一般可分为兵马俑、仪仗俑、乐舞俑、侍俑、狩猎出行俑5种，动物俑包括家禽、家畜、猛兽3种；镇墓俑最常见的有武士俑、天王俑、十二生肖俑等。

秦俑高大，汉俑传神

秦兵马俑，秦始皇的陪葬队伍。1974年陕西临潼发现的秦兵马俑，标志着秦代制陶工艺的成熟，是中国制陶工艺史上的空前壮举。由11种和谐的色彩雕塑而成的兵马俑，被分别放置在3个俑坑内，仅在总面积为14 260平方米的一号俑坑内，就有如同真人真马一样高大的兵马俑6 000多个。他们一律面向东方，在由20个武士俑组成的三列横队背后，按照一定的序列，整齐地排列着非常壮观的40路纵队，俨然成一个布局严整的军阵。兵马俑像形象生动，姿态迥异，仿佛他们刚刚列阵完毕，正等待出征的号角，将要进行一场生与死的搏杀。陶马与真马形体相当，膘肥体壮，双耳上耸，眼神贯注，四肢矫健，给人以蓄势欲动、急不可耐地要驰骋疆场的强烈印象。秦兵马俑如此壮观，真实再现了当时高度的陶器文明，在我国光辉灿烂的古代文化中永放异彩。

秦代之前的战国也有俑，后来的西汉东汉也都有俑，但都不及秦俑形制高大。汉代最大的俑也只有真人的二分之一大。但汉代的陶俑却形态真实，栩栩如生，富于生活情趣。除了庄重的兵马俑之外，还有反映各种生活形态的俑。有衣着华丽的仕女俑、姿态传神的乐舞百戏俑、庖厨俑和舞马俑等等，都是生动的古代雕塑艺术精品。

文物往往就是生活的真实写照。古人有种享乐叫乐舞。自周初创设并兴起女乐以来，受欢迎程度一路飙升。秦汉以降，淫靡之风流行，古乐丧失，歌舞奏乐者皆为女子，女乐成为上层社会的最高享乐。秦汉隋唐，历代皆有诗人为其激情鼓舞，吟诵隽永诗篇。因此殉葬物品中必不可少的就是女乐舞俑。女乐舞俑制作不仅美观，且舞姿曼妙、动态可人。时至今天，依旧堪称上乘工艺作品。由于这些原因，女乐俑一直被世人当做贵重的宝贝留存。

马俑的出现晚于人俑，三代以前只有驾辕的马。据历史记载："东汉之时，安息来朝，进马戏。"此后就有了跳舞蹈的马。汉晋以来，用马跳舞的表演称佳剧。自汉至唐，观马戏被看做极高的享乐。每逢设宴，必看马戏。公卿富豪没有不蓄养舞马的，舞马俑也就成了殉葬必不可少之物。古代墓葬中发现了各种形态的马俑，制作精妙，动势优美，后来被世人看重并与人俑并提。

出土的精美陶俑，随着朝代更替，装饰工艺不断创新。秦汉以来的陶俑多采用素胎、彩绘。隋唐以来的釉陶、三彩、绞胎、贴金、描金等工艺，把不同时代的陶俑装点得各显其妙。隋唐陶俑的艺术达到了一个新的高峰，尤以色彩斑斓、奇伟多姿的三彩俑堪称中国陶俑的压卷之作。

陶俑伴随着中国的古代文明款款亮相，从发生、发展到衰落，首尾相连，未曾间断。陶俑的延续，带有明显的时代烙印，包含了不同时代的信息，对我们了解不同时期的文化面貌提供了珍贵生动的形象资料。

秦砖汉瓦
——会讲故事的陶土

在中国传统的陶制品中，砖瓦应当属于建筑用陶。按说由泥土批量烧制、工艺简单的砖瓦，无论年头多久都不应该是什么值钱的东西，但是秦砖汉瓦却能被考古学家到处搜寻、被收藏家重金收购，那无疑是有它的珍贵之处。

秦汉砖瓦为什么值钱

秦代秦始皇统一了中国，结束了诸侯混战的局面，各地区、各民族得到了广泛交流，中华民族的经济、文化迅速发展。到了汉代，社会生产力又有了长足的发展，手工业的进步突飞猛进。秦汉时期制陶业的生产规模、烧造技术、数量和质量，也都超过了以往任何时代。秦汉时期建筑用陶在制陶业中占有重要位置，其中最富有特色的为画像砖和各种纹饰的瓦当，素有"秦砖汉瓦"之称。

这里说的砖和瓦，多指古代墓穴中有文字图案的陶砖和房屋檐头刻着文字和纹饰的瓦当。看得出，砖和瓦的价值共同点是有

035

文字和图案。砖瓦能引起学者和藏家的足够兴趣，还是在清末考据学兴起以后，学者们在研究上独辟蹊径，开始从砖瓦上的文字和图像讲述的故事里追寻历史的足迹。从此以后，砖瓦逐渐开始引起人们的重视。

有故事的空心砖

用陶砖砌墓穴始自夏初。一直延续到宋代，帝王贵族的墓穴都用特制的陶砖。从夏禹到商周，墓穴砖上就已经有了没有特别意义的花纹和故事图画的雕刻。战国时期，中原地区的劳动人民又创造了质地精良的大型空心砖，并开始用于宫殿、官署或陵园建筑。

在秦国的都城咸阳宫殿建筑遗址，以及陕西临潼、凤翔等地发现众多的秦代画像砖和铺地青砖，除铺地青砖为素面外，大多数砖面饰有太阳纹、米格纹、小方格纹、平行线纹等。用做踏步或砌于壁面的长方形空心砖，砖面或模印几何形花纹，或阴线刻划龙纹、凤纹，也有模印射猎、宴客等场面的。最了不起的是秦代万里长城的修筑工程，在高山峻岭之顶端筑起雄伟豪迈、气壮山河的万里长城，其工程之宏大，用砖之多，举世罕见。

秦代的陶砖上还开始有了书法精美的文字。中国历史博物馆藏有秦代的"海内皆臣、岁登成熟、道毋饥人"12字方砖，瘦劲古雅的阳文秦篆雕刻不仅给后人留下了古文字的真迹，也给考古研究留下了重要的依据。

画像砖
——非雕非画的建筑装饰

　　秦汉时期的画像砖，兼有绘画和雕刻两种工艺因素，因其遗存丰富，又很有特色，在美术史上历来是将其单放一列的。

　　在秦代至西汉初期还有用于装饰宫殿府舍阶基的画像砖，到西汉中期以后，就主要用于装饰墓室壁面，并在东汉时达到了艺术上的鼎盛时期。所以现在留存下来的陶砖也以汉砖居多，秦砖已经很难见到。汉以后，从三国到隋唐都还流行砖砌墓穴，但是宋以后则不再流行。

　　秦代画像砖用模印和刻划两种方法制成，形状分大型空心砖和实心的扁方砖两类。陕西临潼、凤翔等地出土的模印画像砖，是在未干时，用预先刻成的印模捺印而成的，花纹凸起。

　　汉代画像砖以线条简洁有力、形象生动传神著称。到西汉时期，空心砖面上的纹饰图案，题材广泛，内容丰富、构图简练、形象生动、线条劲健。它不单是作为建筑材料，更多的是用来建造画像砖墓。这种空心画像砖，主要集中在中原地区，画像内容十分丰富，包括阙门建筑、各种人物、乐舞、车马、狩猎、驯兽、击刺、禽兽、神话故事等40多种。

到东汉初期，画像空心砖的应用从中原地区扩展到四川一带，以河南、四川两省出土最多。中原地区空心画像墓砖到东汉后期为小砖所替代，而四川则延续到蜀汉时期。这一时期的画像砖内容更为丰富。有反映各种生产活动的播种、收割、舂米、酿造、盐井、探矿、桑园等；有描写社会风俗的市集、宴乐、游戏、舞蹈、杂技、贵族家庭生活等；还有车骑出行、阙观及神话故事等等。艺术造诣最高的是四川成都一带出土的东汉后期画像砖，皆为实心方砖或长方砖，画面一次模印而成，构图完整生动，与陕西、河南一带多模印成的汉画像砖大异其趣。四川画像砖在题材内容方面也独树一帜，绝大部分刻画现实生活，风格清新隽永，乡土气息浓郁。

这些富有艺术价值的陶质工艺品，为我们研究汉代的社会面貌及绘画艺术提供了形象的实物资料。这些画像砖是当时社会生活、生产的现实写照，在历史研究、科学研究及艺术研究上都有着重大的价值。

瓦当——保护屋檐的艺术品

秦国的建筑装饰发达，是早在战国时代的事。陕西凤翔、西安等地就曾出土过战国时期饰有奔鹿纹、凤鸟纹、豹纹、双獾纹的秦国圆瓦当，其艺术水平要远高于当时燕、齐等国的半瓦当。我们平时所说的汉瓦并不是房屋顶上普通的瓦，而是指的这些房屋檐头的瓦当。

中国传统建筑是以木结构为主体的。屋上用瓦，应该是中国建筑史上的一个创举。传说用瓦始于夏代"昆吾作瓦"，但无据可考。瓦的最早发现是西周时期。在陕西扶风召陈西周建筑群遗址曾出土过各类陶瓦，有板瓦、筒瓦和瓦当等。

古代，瓦的制作方法是先用泥条盘筑成类似陶水管的圆筒形坯，再切割成两半，成为两个半圆形筒瓦，如果再切割成三等分，即成为板瓦。瓦当即是筒瓦顶端下垂的部分，亦叫筒瓦头，主要功能在于保护屋顶檐际的椽头，不被风雨侵蚀，同时又富有装饰效果，使建筑更加绚丽辉煌。

瓦当有着强烈的不同时代的艺术风格。现在能见到的最早的瓦当是西周早期的，为半圆形硬质灰陶，有素面和纹饰两类。到了战国时期瓦当的纹饰已是异彩纷呈，以秦国的动物纹瓦当最为杰出。

　　秦始皇统一中国后，瓦当的图案更加丰富多样，构图饱满，形式也益加华丽。秦代瓦当，绝大多数为圆形带纹饰，纹样主要有动物纹、植物纹和云纹三种。此外，秦代开始有了吉祥文字瓦当，例如咸阳等地曾发现"唯天降灵，延元万年，天下康宁"12字篆文瓦当。

　　两汉瓦当直径多为15—18厘米左右，纹饰十分精美，画面仪态生动。西汉末年到王莽时期出现的青龙、白虎、朱雀、玄武四神瓦当，形神兼备，姿态雄伟，十分珍贵，堪称图像瓦当的压轴绝唱。当时还出现了大量的文字瓦当，许多是反映当时统治者的意识和愿望，如"千秋万岁"、"汉并天下"、"万寿无疆"、"长乐未央"、"大吉祥富贵宜侯王"等。这些文字瓦当，字体有小篆、鸟虫篆、隶书、真书等，布局疏密有致，章法茂美、质朴醇厚，表现出独特的中国文字之美，文物价值奇高。汉代瓦当的文字少则1个字，多则12个字，书写遒劲大气，笔法变化无穷，也是汉代书法的珍贵遗存。此外，汉人还擅长将表意的汉字，变成庄重典雅的装饰艺术品。

　　　　链　接

古砖旧瓦，仿多真少

　　秦砖汉瓦，妇孺知宝。秦砖汉瓦之所以珍贵，不仅仅是因为其年代久远，质地细腻坚硬，体量巨大，反映秦汉帝国时期建筑的恢弘气势，而重要在于其以形式多样、古朴生动的图案和文字装饰闻名于美术史。秦汉砖饰纹样很多，历史和艺术价值高的是画像砖和瓦当。画像砖尤以汉砖为著，雕刻模印的图案画面内容极为丰富，贵族生活、生产图景、人物故事，无所不有。瓦当以汉代的四神最为杰出和珍稀，后来几乎成了汉代艺术的代表和时代精神的象征。这些珍贵的秦汉画像砖，被列为二级古代文物。瓦当依据图案和文字的珍稀程度，可被列为三级或三级以下文物。

古代王朝都城集中在黄河北岸，著名的宫殿及墓葬遗迹也集中在附近各省。秦以前的墓穴素面砖瓦并不值钱，但常常会被当地的工匠们以很低的价钱买走，回去按秦汉砖式刻上花纹或文字，再卖给古玩行。单从质地上看，与真品没大区别，工艺上也很难寻出破绽。往往同款型的在市场上见得多了，才知是仿品。由于砖瓦造假比其他文物古器的仿制，方法相对简易，辨别真伪又很难，所以今天市上所见秦砖汉瓦大多是伪造品。

青少年应知的收藏知识

唐三彩
——流光溢彩的低温釉陶

"君子之于学，百工之于艺，自三代历汉，至唐而备矣。"正像宋代苏东坡这句话说的那样，在盛世的大唐，无论是诗歌、音乐、舞蹈、绘画、雕塑，还是服饰、陶瓷、丝织、制茶等等，都可谓是开一代新风。沿丝绸之路传入大唐的各种工艺技术、方物异产和少数民族的乐舞、乐器等，以及佛教艺术中的花纹都成为唐代艺术的表现对象，被广泛应用于工艺美术领域。

唐代，高温烧制而成的瓷器已经开始被广泛使用。瓷器胎体密致、不透气、不渗水，其表面釉质光滑，不藏污垢、易拭洗。瓷器的这些优势，吸水、易碎的陶器根本无法比拟。于是陶器只好让位于瓷器，渐渐淡出作为日用器皿主体的功能。当然，陶质的盆、碗、坛、罐、缸等日用器皿，因其物美价廉、简易实用，在民间仍然一直在沿用。

在雅致素净的瓷器发展的高峰时刻，陶器同样营造了它绚烂瑰丽的独特品格和境界。中国的陶器艺术发展到唐代，也达到了空前的水平。其中，独特而又鲜艳夺目的唐三彩作为陶艺的杰出代表华丽登场了，并以陶的身份展示着盛世的高超工艺和审美价值。

偶然出土，名闻天下

"唐三彩"一词，最早的记载是在民国时期，而世人对唐三彩的重视大约是在20世纪初。在陇海铁路修筑期间，洛阳北邙一带因工程而毁损了一批唐代墓葬，发现了为数颇多的唐三彩明器。这批唐三彩受到了国内外古玩商的垂青和古代器物研究专家们的重视。从此，唐三彩名闻天下。

唐三彩是一种彩色低温釉陶器。所谓"三彩"，"三"是虚数，在古代也表示多数之意，所以三彩实为多彩的意思。因为三彩是在唐代发明的，当时又极为流行，故后人称"唐三彩"。但三彩器的制作并不局限于唐代，以后还有"宋三彩"、"辽三彩"等，而尤以唐三彩最为有名。

三彩釉是由坩土、石英、草木灰和铅的氧化物配成的一种透明釉。这种铅料不加呈色剂就是白釉，掺入适量的氧化铜就可以烧成绿色，掺入氧化铁就呈现褐色、黄色，掺入氧化钴就呈现蓝色，这些是三彩釉的基本色调。在此基础上，工匠们还可以在色釉中加入不同的金属氧化物，经过焙烧，形成浅黄、赭黄、浅绿、深绿、天蓝、褐红、茄紫等多种色彩，其中以绿、黄、白居多。

绚彩明器
——彰显盛世繁华

如前所述，唐三彩发现于墓葬，事实上唐三彩也多用做墓葬明器。古人历来事死如事生，大唐盛世的豪门显贵、皇家官宦们必然也要在丧葬上极尽铺张奢华之能事。唐三彩这种绚丽多彩的明器正可以象征着，将当时盛世的繁华生活带给故去的先人，企盼灵魂不灭的先人们富贵轮回。唐朝曾在门下省设了"增官署"，就是专门负责制造皇亲贵胄的陵墓及大量明器的。

唐三彩以其绚丽多彩闻名于世，是中国陶瓷艺术品中的一枝奇葩，体现了中国古代雕塑艺术的成就和独特的民族风格。唐三彩也是中国陶瓷领域门类非常丰富的一种，俑类、器物、生产工具模型、建筑用的琉璃瓦和瓦当等品种无所不有。在三彩器中，那些形神兼备、刻画生动的三彩俑，是唐三彩的代表作品。

三彩人物俑中的天王俑源于佛教题材，最早出现在武则天时代。天王俑是唐代新出现的殉葬俑，与镇墓兽俑各两件对称置于墓门内，与十二生肖俑一起被称为"四神十二时"，用于避邪护墓、确保亡灵平安。艺术家们发挥了丰富的想象力，运用了夸张的手法，表达出正义战胜邪恶的主题。

唐代的三彩女俑气质雍容、体态丰腴，是唐代文化艺术繁荣的象征之一。梳妆坐俑是一千多年前美女化妆的写照；侍女俑，多体态丰满，釉色端丽庄重，有如当时的画家周昉创造的形象再现。

由于唐朝的开放和丝绸之路的繁荣，很多外国人来到唐朝，既有使臣、学者、传教士、伎乐师也有驼夫、马夫和仆人。唐代把这些非汉人都称作胡人。唐墓出土的来自于不同地方的胡人俑在形体特征上也各有不同，有浓眉深眼高鼻者，有辫发者，有多须者。西安鲜于庭诲墓出土的乐舞驼俑则以丰富的想象和高超的塑造技艺，创造了备受唐人欢迎的西域胡人乐舞。

唐三彩的动物俑在唐代陶瓷艺术品中所占比例也较大，而动物俑中塑造得最生动、最有吸引力的是各种马的形象。用马作陪葬品的也很多，且都是规格较高的墓葬。这与唐代宫廷对马有特殊的爱好有关。唐诗中赞马或画马的内容都有不少。唐代社会对刻画马的艺术形象要求很高，我们今天所看到的唐墓出土的三彩马，大都骨肉匀称、线条流畅，艺术家们抓住马的精、气、神，用内在的劲而发外在的形，对整个马的塑造几乎完全符合解剖学原理。马的姿态各异，无不惟妙惟肖，给人以亲切如生的感觉。永泰公主墓出土的三彩低头马、仰头马是其中的杰出代表。

唐三彩的塑造以其丰富多彩的变化、生动感人的形象成为唐代雕塑艺术及工艺美术中重要的一个类别。武则天时期的早期唐三彩器物算不上发达，釉色不很丰富，但人物形象俊秀；在中宗到玄宗的盛唐时期三彩兴盛，质量好，色彩绚丽，在官吏和贵族中普遍使用；到唐末，安史之乱后，国力渐衰，三彩器也近于尾声。但是三彩艺术并未随着大唐王朝的灭亡而消失，在宋、辽、金时期仍有续烧。宋三彩在唐三彩的基础上，工艺上有所创新，出现了划刻花填彩工艺；装饰题材上也出现了花卉、人物故事、诗文等新内容。辽三彩釉色及装饰手法比唐华美生动、比宋素雅清新，更多了一份草原游牧部落的凝重与浑厚。金三彩多沿袭中原，风格古朴、精致。三彩器所蕴涵的多彩幻化，似乎是在奏响历史和人类情绪升华中最为华丽的乐章。

链　接

唐三彩的国际拍卖行情

唐三彩的拍卖价高低决定因素很多，品相、色彩、大小和出土的多少等等都会对其有影响。

唐三彩中的三彩马一直是国际拍场上的亮点，备受藏家追捧，以致成交价屡创新高。在三彩马的拍卖价格中，以白色三彩和黑色三彩最名贵，以黄、绿、褐为主的马则价值略低。1989年12月12日，英国苏富比拍卖行的一件蓝黑釉唐三彩马，在伦敦以4 955万英镑的惊人价格成交。

明清紫砂器
——文人至爱的雅致陶艺

汉朝以后，瓷器盛行。陶器和釉陶制的盆、碗、坛、罐、缸等日用器皿，在陶瓷史上没有再创造太大价值，只是因其物美价廉、简易实用，而在民间一直沿用至今天。虽然陶质日用器皿淡出主流没再发展，但并未消失。后期出现的唐宋三彩陶器功用多为明器。直到明朝，我国江苏省宜兴县所产的最宜泡茶的紫砂茶壶出现，使陶艺术又一次与生活用器皿结缘，重新创造了陶器史上的又一个辉煌篇章。

宜兴窑里的奇陶

紫砂陶器因其色单纯古朴、淳厚雅致，深受文人喜爱。从北宋到今天，不断有名家辈出，名作不断涌现。

江苏省宜兴境内有新石器时代的陶文化遗址，商周时代，此地的制陶技艺已进入比较成熟的阶段。宋代，全国陶瓷业极度发达，各地名窑迭出，宜兴窑中的一枝奇葩——紫砂陶，也在这时开始形成。

047

紫砂泥是神的造化

谈到最早的紫砂泥，有一个古老而美丽的传说。

宜兴丁山位于太湖之滨，是一个宁静而美丽的江南小镇。传说很久很久以前，镇里的村民日出而耕，日落而息，闲暇时用陶土制作些日常需用的碗、罐，无忧无虑地过着平凡的生活。一天，一个奇怪僧人出现在镇上。边走边大喊着："富贵土，富贵土，谁买富贵土？"村民们都好奇地看着这个僧人。僧人发现了村民眼中的疑惑，便又说："不是皇家人，就不能拥有富贵吗？"人们都被他这东一句西一句地说糊涂了。奇怪的僧人提高了嗓门，快步走了起来，就像四下无人一样。有一些有见识的长者，觉得他奇怪就跟着一起走，走着走着就来到了黄龙山和青龙山。突然间，僧人消失了。长者们四处寻找，未果，只看到好几处新开口的洞穴，洞穴中有各种颜色的陶土。好事的长者们装了一些彩色的陶土回家，敲打铸烧，神奇地烧出了和以前不同颜色的陶器。一传十，十传百。就这样，紫砂陶艺在历史长河中慢慢形成了。

事实上，宜兴紫砂泥是一种质地细腻、含铁量高的陶土。人们通常把做紫砂器的陶泥称作紫砂泥。紫砂泥包括团山泥（又称本山绿泥）、红泥（又称朱砂泥）和紫泥。这种紫砂陶土又称为"五色土"，分布在宜兴的丁蜀地区。黄龙山和青龙山泥矿中的紫砂泥为上品。

紫砂陶土的成因，属内陆湖泊及滨海湖沼相沉积矿床，通过外力沉积成矿，深埋于山腹之中。紫泥是甲泥（甲泥是一种脊性黏土，紫红色，色似铁甲，故名甲泥）中的一个夹层，绿泥是紫泥夹层中的夹层，故有"泥中泥"之称。朱砂泥是夹在石层中间的一种黄色泥，故又称石黄泥、岩中泥。紫砂泥色彩丰富，其中以朱、紫、米黄三色为本色，而朱有浓淡、紫又有深浅，黄则也富有变化。构成紫砂泥的这三种泥由于矿区、矿层分布不同，烧成时温度稍有变化，色泽就变化多端，简直妙不可言。紫砂壶的神秘气韵于此足见一斑。

宜兴紫砂泥的矿物组成，属于含富铁的高岭石黏土—石英—水云母类型。其特点是含铁量较高，烧成温度在1150℃左右，可塑性和结合能力好，有利于加工成型。具备了宜兴紫砂器严格的工艺要求。一般开采出来的泥料需要经过洗泥、风化、粉碎，加水润适陈腐，然后踏炼备用。朱砂泥的细腻柔滑犹如少女的肌肤，砂泥表面沙粒若隐若现看似梨皮。这种独特的泥质是任何一种陶土都无法比拟和代替的，用其烧出的紫砂陶器成品，比其他陶器要致密，又比瓷器有良好的透气性。这一特性也就决定了紫砂器能够"泡茶色香味皆蕴"，"暑月夜宿不馊"。此外，紫砂器不渗漏、不老化，越使越显光润。这种历久弥新的特性也被人视为有生命色彩的器物，而越发透出灵气。

情趣相融，茶香绕紫砂

关于吃茶用紫砂器具的记述，最早见于北宋赫赫有名的文人学者欧阳修、米芾和梅尧臣的赏茶诗。

"喜共紫瓯饮且酌，羡君潇洒有余清。"

"窗外炉烟自动，开瓶试一品香泉。轻涛起，香生玉尘，雪溅紫瓯圆。"

——米芾《满庭芳·绍圣甲戌暮春与周熟仁试赐茶》

"小石冷泉留早味，紫泥新品泛春华。"

——梅尧臣《宛陵集·依韵和杜相公谢蔡君谟寄茶诗》

在诗词中，紫砂茶具如此妥帖地与周边景致、事象、诗人的情趣融在一处，这充分显示出其在文人生活中所扮的重要角色。

但这些著作、诗词咏吟，苦无实物佐证，紫砂工艺陶的创始年代问题，仍然悬而未决。直到1976年秋，在江苏省无锡市宜兴的丁山里墅羊角山紫砂古窑址发掘之后，才算有了结论。

羊角山是一座小山丘，位于宜兴丁蜀镇里墅村，和盛产紫砂泥料的黄龙山余脉相接，山坡断面共分4层，其窑中砖垛和北宋中期江南地区墓葬中常见的小墓砖相似，因此，可初步推断这座紫砂古窑的烧造年代，当在北宋中期。

羊角山紫砂古窑的发现，为研究紫砂工艺的起始和发展，提供了极其丰富的资料，特别是为宋人的诗词咏吟提供了物质佐证，尤为可贵。文献记载和发掘实物亦互相参证，增加了事实的可信度。

供春名壶
——紫砂胜于金石

近千年来，或有记载稽考、或有传器可证的最早紫砂名手，当从"金沙寺僧"和明朝的"供春"说起。

明人周高起在《阳羡茗壶系》中提出了紫砂器的"创始"说，认为是金沙寺僧首先从陶工那里学会制陶技术，从而首创了紫砂器。

供春，相传为紫砂器第一代有姓名流传的工艺大师。据《正始篇》记载，供春姓龚，故又作龚春，明正德、嘉靖年间人。正德年间为宜兴参政吴颐山的家僮。时吴氏正读书于金沙寺，供春聪明过人，向寺内僧人学会了制作紫砂的技术，并在实践中逐渐将前人用手捏制的方法，改为木板旋泥并配合竹刀制壶。供春充分利用了陶泥的本色，烧造的紫砂壶造型雅致，质地薄而坚硬，在当时声名显赫，有"供春之壶胜于金石"的说法。鉴于供春的声望，其作品被后人广为仿造，供春壶也就成了紫砂壶的一个象征。

供春之后名手辈出，著名的有董翰、赵梁、元畅、时朋并称四大家。供春也曾带过3个徒弟，其中时大彬为时朋之子，成就

051

最高。时大彬初始时仿制"供春"，多制大壶。后来在当时文人试茶品茶的谈论启发下，独树一帜，对作品进行改进——专制小壶。而且还意识到，壶的大小能对人的情绪、兴致发生影响。他的创举实现了紫砂器作为士林雅赏的美学功能。

明代紫砂壶造型简练、大方，色泽沉静、幽雅，传世品极少。至今有确切年代可考的仅有两件：一件为南京博物院所藏的嘉靖12年墓葬出土的紫砂提梁壶；另一件是时大彬的代表作——"大彬"款六方紫砂壶，藏于扬州市博物馆，属于二级文物，对研究紫砂工艺的历史有着重要价值。

曼生紫砂器
——文人与匠人联手打造的曼妙风骨

清代宜兴紫砂有了迅速发展，特别是康熙嘉庆年间，名匠名壶不胜枚举。最著名的有明末清初的陈鸣远，雍正、乾隆时期的王南林、杨友兰、邵玉亭，晚清时期有杨彭年及其妹杨凤年和陈鸿寿、邵大享等。

晚清时，杨彭年与陈鸿寿的合作诞生了紫砂陶的一个名词——"曼生壶"。陈鸿寿，字子恭，号曼生。乾隆、道光年间著名的"西泠八家"之一，文学、书画、篆刻均有涉及。他在宜兴任过三年县宰，酷爱紫砂，善于创新。曾手绘"曼生十八壶式"，请杨彭年及其弟宝年、其妹凤年等按式制作，然后由陈鸿寿及其幕客铭刻书画装饰，世称"曼生壶"。曼生壶底部常用"阿曼陀室"、"桑连理馆"印记，把手下有"彭年"印章。曼生壶把紫砂壶与诗、书、画、篆刻融为一体，成了文人雅士与紫砂壶艺术名家之间成功合作的典范，也从而提升了紫砂壶的文化内蕴。

紫砂器工艺日益精进，造型与产量日益增多。壶型丰富多样，变化万千，素有"方非一式，圆不一相"的说法。紫砂器除了壶以外，还有紫砂茶杯、花盆及各种陈设品、玩具、仿各式瓜果象生器、仿古铜器等。清宫内务府造办处档案中记载了不少皇帝指名烧宜兴壶的事。今天这些带有官款的紫砂器大部分仍然珍藏在北京故宫中。康熙款的紫砂茶具，在烧成的紫砂器上，施珐琅彩花卉。雍正、乾隆款的紫砂器较多，有的模印或划刻人物纹饰及诗句，有的描金彩山水，绘粉彩花卉，挂钧釉或镂雕，制作精致，色调温雅。

文人与紫砂的情缘，自宋以来不断延续。历代文人和壶艺著名的工匠共同努力造就了紫砂器的艺术风骨。现代书画大家黄宾虹、唐云、程十发、亚明、韩美林等人也曾热心参与，凝结情趣，对自然器物与人的审美合二为一起到了推波助澜的作用。由于历代文人、士大夫阶层的热心参与和支持，使紫砂壶艺从单纯的民间工艺跃入文人雅士的领域，成为与文学艺术相结合的独特而风雅精致的陶器艺术品。

链 接

紫砂壶的造型分类

紫砂壶的造型分为光货、花货与筋纹货三类。

光货，形状圆则珠圆玉润、方则轮廓周正，是主流器形。

花货，形状写实者逼真，写意者有神。

筋纹货，形状线条脉络有致，卷曲和润。

青铜时代
——合金铸就的千年文化

"青铜是顶顶重要的金属，是人类技术革命的工具和武器……"

——恩格斯

青铜器曾与文字和城市遗址同时被视为人类文明史起源的标志性物件。青铜技术的发展无疑是人类继陶以后的认识自然和改造自然的又一次革命。

中国青铜，不是最早但求最好

大约7 000年前两河流域的人就懂得了冶金，发现了铜的性能。在古埃及，约公元前4000年开始进入青铜时代，欧洲和南美洲也在大约公元前3000年就已经进入青铜时代。虽然这些西方国家对青铜技术的掌握比中国要早上一两千年，但是这些早期的青铜文明却来去匆匆，很快就灭绝了。直到中国的青铜文明到来，才一举将人类对青铜技术与工艺的驾驭推向巅峰，展示极致，甚至在历经风雨千年后的今天看来依然并不落后。

在远古时代，铜器是帝王和上层社会贵族们的专享。因为那时的冶炼技术还并不能分离出纯铜，所以那时的铜也就是包含原矿石中的金银在内的合金。那时还没有纯金，当时人们眼中的铜比今天的黄金还要贵重。铜器也就犹如后来的金器，先民们将其举国家之力用心经营制作。做工精良的大型铜器，都是国之重器，只在很隆重的场合才会使用。

青铜来去，那不是一个传奇

在中国的古老传说中，把最初采铜铸鼎的伟事归给了黄帝。在《子华子》有记载说："黄帝之治天下，百神受职于明堂之庭。帝乃采铜于首山，作大炉铸神鼎于山上。"

在中国的古史传说中，黄帝和蚩尤之间的那场大战，蚩尤已经用了铜铸的兵器。战争初期，黄帝一直处于劣势。后来黄帝采用了水阵，又请了旱神相助，才好不容易将蚩尤打败。黄帝战胜蚩尤后非常高兴，他立刻让人到首山开采铜矿，把采出的铜搬到荆山脚下去铸三鼎，象征天、地、人，以作为战胜蚩尤的永久性纪念物。据说铸成的宝鼎高大雄伟，有一丈三尺高，鼎身还饰有云龙和各种怪兽奇禽。正当黄帝召开庆功大会时，金色巨龙现身，满堂祥瑞。此后，国家重要典器和上等用具全部开始采用铜来铸造。

铜器是古时的国之重器，先人铸造非常慎重，通常都会有款、有识、有铭文、有装饰花纹。凡是国家大事需要的铜器都要有落款。钟、鼎、祭器上要歌功颂德的要用识，盘盂寓戒必有款。虽然中国文明始于黄帝，但是从黄帝到尧舜，还没有完备的典章制度，史实缺乏详尽的记载，所以看青铜文明要以夏商周三代为起点。三代时期都很重视铜器，所以对铜器的制作也很用心。铸铜器时用蜡作模子，花纹和题款细如头发，匀整清晰。识的文字笔画明净清晰，没有模糊的痕迹。虽然字体、花纹前后有深浅宽窄的不同，但始终保持了内宽外窄的特征，做工也剔透玲珑，规范工整，三代铜器一直被后人所称赞。

夏人崇尚忠诚，铸器亦如做人。夏代的铜器虽还没有大段铭文，但已经有了花纹和款识。铭文都是刀刻阳文，字体与出土的牛骨、龟甲文字完全相同。这时的铜器总体上说来，做工精良、式样古朴、中规中矩、美观大方，尺寸科学合理，花纹神秘秀丽，堪称鬼斧神工。夏代，禹铸九鼎象征九州，并将每个鼎上都刻上一个州名，象征江山社稷。后来九鼎被视为国宝与王权，在秦以前帝王们世代相传。

商早期，青铜造型艺术开始形成。商代盘庚迁殷以前，早期青铜器鼎、鬲和爵的形制和史前陶器中的鬲相似，都有三条锥形中空的胖腿。纹饰已经出现了兽面纹和雷纹。装饰工艺虽然还较朴素，但铸造工艺已成就喜人。自商代晚期到西周昭王时代是青铜的鼎盛时期。这一时期出现了许多以前没有的新颖纹饰，图案纹饰形态狰狞，庄严神秘，形成独特的时代风格。纹饰工艺平雕精细，浮雕圆浑，还大量采用了浮雕和平雕相结合的方式。这时铜器的形制也很发达，有了簋、尊、卣等，还出现了体制巨大、气势磅礴的大方鼎，如著名的司母戊大方鼎。

周朝崇尚文治。铜器大多雕刻精致细密，铭文结构豪迈奔放、浑柔圆熟，笔势和谐，行列呼应。西周早期青铜器继承了商代遗制，只在器类和造型设计上略有改进。到了西周晚期，纹饰以波曲形带纹广为流行，对窃曲加以大胆的简化和变形，兽面纹和兽形纹亦有所变形，另外还出现了鳞带纹等纹饰，早不见了西周早期的遗风。青铜时代经历过渡时期开始走向成熟繁荣。

春秋战国时期，青铜器艺术逐渐摆脱了商周以来的神秘色彩，出现了清新的艺术风格。这一时期的青铜器在形制上更为丰富多彩，纹饰也普遍华丽繁复，在工艺上出现了错金、银、赤铜、绿松石和鎏金银的装饰。春秋战国时期开始盛行礼乐制度，由西周的重鼎食器逐渐改变为"钟鸣鼎食"的组合，呈现一派新气象。战国时期纹饰崇尚精巧细腻，出现了描写现实生活的图像。器物匀薄、规矩和纹饰的精致、清晰是前所未有的。战国中期以后，由于铁器、漆器出现，青铜艺术渐渐走向衰落。

到了秦始皇统一天下，施行专制统治后，三代遗迹被极力销毁。铜器作为国之重器，铭文款识中详细记载着历朝的所有善政良言，因此成了始皇帝必须毁掉的重要文献。即使是在帝王之手传承了两千年的夏禹王所铸的国宝九鼎，也在转瞬间被毁灭殆尽。

收藏青铜
——古人的无上荣光

中国古代铜器，说的多是青铜器，那可是我们祖先对人类物质文明无可比拟的巨大贡献。青铜，古时人们都叫它吉金，是贵重之物，作为财富贮藏。古人入葬，青铜器带入地下都要深藏厚埋，以求永久占有。

青铜器流行于新石器时代晚期到秦汉时代，从商代晚期到西周的青铜器是我国古代青铜器的主体和代表，是珍贵的历史文物和古代艺术珍品，总体上都属于一级文物。

由于秦统一时的毁灭，古代青铜器传世品不多，后人能见到的多为墓葬出土。青铜时代刚刚一过，在汉代就已经有人开始挖掘盗取。青铜器的最早出土记载也是在汉代就有了。封建王朝视其为祥瑞之物，载入史册。

到了嗜古器成风的宋代，收藏金石更是王宫贵族、文人学士的风尚。宋徽宗赵佶，驱使天下臣民，为其搜罗铜器。苏轼的书房里供奉着鼎鼎大名的楚王钟。宋代集贤院有学士叫刘敞，生平最珍视11件有铭文的青铜器，平生把玩，至死不忘记告诫后辈，死后以此祭祀他。

中国青铜器种类非常多，仅以用途而言，就包括工具、农具、兵器、礼器、酒器、水器、乐器、食器和其他生活用具。其中礼器可以分食器、酒器、水器，在铜器中占有很大的比重。食器包括烹饪器和盛器。酒器种类最多，包括容器、温器、饮器三种。水器包括盘、盂、鉴、缶、瓿等，多有足或耳。

历朝历代铜器的品名样式，作为一个藏家是必须了解的。因为各代的铜器样式和名称都各不相同，只有知道了某种铜器的生产年代，哪个年代主要生产了哪些样式的铜器，才能更好地对眼前的器物断代并辨别真伪。

链　接

古代青铜器相关著作

《先秦古器记》，著者：刘敞，两宋时期首部青铜专著。

《考古图》，著者：吕大临，我国第一部系统的青铜图录。

看质地、辨锈色
——赏古铜独有的美丽

    铜器，因为铸造技术不同，使用铜的成分也是各不相同的。通常在铜器的耳、足、口沿、底等部位露铜处，会泄露出由铜本身含量带来的不同质地和色泽。

    战国以前的青铜，皆为铜锡铅等成分的合金。且铜质纯净，少有沙粒砂眼。锡的成分越大，铜质的灰色色泽越浅淡。宋仿铜器的合金成分中锡、铅减少，且加入少量的锌，故铜质色多为黄中泛红。明清铜器含锡成分很少，而铅锌成分增多，铜质皆发黄。但明代铜器质色为黄中发白，清代铜器却是黄中透黄。

    古代铜器能流传至今天，主要途径无非有三种：一种是墓葬出土，这种情况应该居绝大多数；另一种情况是由于历史上的意外事件或其他原因沉入水底而留存下来的；再有一种情况就是世代流传下来的。后两种情况少之又少，今天能见到的几乎都是出土物。

    埋在土中保存下来的金属器物，受侵蚀而留下锈色，是一种必然。由于不同的地理环境，锈色也会呈现出多种多样。常见的铜锈色有绿锈、红锈、蓝锈、紫锈、黑锈等，此外还有水银沁及流金等色。入土千年以上的铜器，锈色纯润，绿的如铺翠，红的如桃花。

坠水存留的铜器，锈色结绿如瓜皮，红的如柿子。

传世铜器，主要因空气侵蚀，锈色稍显黯淡，呈紫褐色。

青铜仿古上锈的常见做法

在其他古铜器物上取真锈，拌胶水或清漆黏涂到仿古铜器表面。

用天然泥土混合动物排泄物或农用化肥，涂抹到仿品表面后埋入土。

将金属粉混合酸、碱、盐等化学药品后，涂抹到仿品表面再埋入土。

在铜器表面敷调好的矿物颜料，并用火烧熔，降温凝固。

在铜器表面电镀黑漆古和水银皮等。

青铜重器
——簠簋不饰与不廉

中国自古就是礼仪之邦，许多事物的表达都很含蓄，喜欢借喻、长于遮掩，若不了解相关背景，还真有百思不得其解的时候。

古时，贪污受贿历来都是触犯刑法，严惩不贷的。奇怪的是，朝中弹劾贪官污吏却要用"簠簋不饰"一词，似乎这个词已经成为一种特有的罪名了。簠和簋是先秦时期用来盛放饭食的两种青铜器具。那么这两种食器怎么就和贪污受贿有了关联的呢？"不饰"又要如何解释？

西汉时的贾谊在《陈正事疏》中，有相关的一句话可以用来说明上面的问题：

"古者礼不及庶人，刑不至于君子，所以厉宠臣之节也。古者大臣有坐不廉而废者，不谓'不廉'，曰'簠簋不饰'。"

在先秦时期，特别是商周两代，国之大事，在祀与戎。祀是祭祀，戎是军事征战。那时的祭祀活动和军事行动是国家的头等大事。由于金属铜制成的兵器比原先的木、石兵器要坚硬锋利百倍，金属铜兵器自然也就成了征战掠地的理想兵器。而祭祀则是全人类的先民自上古时代就有的传统。中国的青铜器出现之前，先民们用玉器和陶器来祭祀神灵祖先。自从掌握了青铜的冶炼技术以后，精美的青铜器就成了国家用来祭祖祀天的礼器。周代的祭祀非常强调仪礼。在行祭的过程中，逐渐形成了一套特定的程式，建立了一定的秩序，并且固定流传下来，称之为祭礼。祭礼是绝对不允许有半点差错的。针对不同的祭祀对象，有种种不同的规定。甚至小到祭器，都要按照不同的祭祀对象，在使用种类和数量上有所不同，陈设时也有某种器物在前、某种器物在后的规定模式。

前面提到的簠和簋就是祭祀时不可缺少的礼器。这种器物都是有盖可以保温的，用来盛放煮熟的黍、稷、稻、粱等饭食，只在祭祀或隆重的宴飨时才使用。《周礼·舍人》有记载："凡祭祀共簠簋，实之陈之。"这里的"共"，是供奉的意思，就是凡是祭祀都要供奉簠和簋。如今，在先秦的墓葬中，发掘出土的簠簋数量不少，足见当时是盛行这套礼制的。以国之重器作为随葬器物，则表明了主人尊贵的身份。

簠，始见于西周早期，在西周末期与春秋初期颇为盛行，在战国晚期已不多见。簠是矮身、带盖、圈足的簋，其形制为长方体，棱角突折，底平有足，上下对称，分开可以是两个器皿，扣合后成为一体。西周铜簠上有"用盛稻粱"的铭文记载着它的用途。

簋在商代已经开始出现。那时的簋形似碗而大，有盖和双耳。西周的铜簋下面带有一个中空的方座或三足，有人考证说那是用于燃炭火温食的。据《春秋左传注》记载，先前簋是黍稷稻粱并盛，有簠以后，则分别盛黍稷和稻粱。在陆羽的《茶经》里也有贮盐用簋的记载。

在周代，簋是仅次于鼎的重要礼器。那时簋与列鼎制度相配合，凡遇祭祀和宴飨之时，簋以偶数与鼎以奇数组合使用。据文献记载：天子用九鼎八簋，诸侯用七鼎六簋，大夫用五鼎四簋，元士用三鼎二簋。据《礼记·内则》所列，饭食在周代有八种，分别是黍、稷、稻、粱、白黍、黄粱、稰(成熟而收获的谷物)、穛(未完全成熟的谷物)，或许即为八簋所盛。先秦墓葬内出土的簋，也以偶数为多。春秋中晚期，这种食器逐渐减少，到了战国，青铜礼器中已经不再列入偶簋。

簋的形制，从商周到春秋战国，屡有变化，有的纹饰繁缛，有的较为简单，有的双耳或四耳，有的圈足或三足。一般视之凝重，如利簋，这是迄今为止发现的西周时期最早的一件带铭文的青铜器。牧野之战后，周王赏赐利，利以其所得，铸为铜簋，世代永传，足见簋在礼器中地位之贵。

所谓"不饰"，既不是指不修纹饰，也不是指不加以装饰，而是指使用的簠簋不整齐，或有损毁，或与列鼎不相配合，总之是有悖于礼，对礼不敬。古时悖礼，尤其是在祭礼或隆重宴庆之际，是一种严重的罪过。贪赃枉法，比做簠簋不饰，正是犯了大罪。这种说法，扯上不廉，多少有点遮羞掩盖。其实在古代实施和执行宗法制度，都是非常理直气壮的。"渎礼"之过，往往比"渎职"之罪严重得多。

簠与簋同为礼器，那么簠簋之事，当然就是指礼仪之事了。这应该是古代士人皆知的一种专门实用的学问。因而，"簠簋不饰"作为弹劾贪污官吏之词，表面看措辞婉转，实质上，这如同抵触礼仪，绝对是非同小可的事情。

青铜仿古上锈的常见做法

造型、纹饰精美，能代表一个时期工艺铸造技术水平的；

有确切出土地点可作为断代依据的；

铭文反映重大历史事件或重要历史人物的；

书法艺术优美的；

传世稀少并在工艺发展史上占有重要地位和科学价值的。

楚庄王问鼎
——铜铸典器象征王权

自从黄帝首山采铜铸鼎，以后的两三千年历史中，国家重要典器都以铜铸成。夏禹铸九鼎更是成为国之礼仪重器，揭开了青铜礼仪文化的序幕。"礼仪重器"一词已经多次提到，那么都有哪些场合下使用的器物会和礼仪相关呢？

古时用于祭祀、祷祝、会盟、宴享的青铜器被称为"青铜礼器"。古代的祭祀叫"彝"，祭祀用的青铜器也叫"彝器"。所谓重器，就是宗庙中具有永远保存意义和特别宝贵的青铜器。古时的诸侯都有自己的宗庙和重器。如果一个诸侯丧失了保护国家重器的能力，就意味着他政权的结束。

历史上有个著名的问鼎的故事，正是礼仪重器体现王权的写照。

在公元前604年的一天，楚庄王在讨伐陆浑戎的征途中，故意把队伍部署在洛邑附近，进行检阅，以便显示自己的力量。当时周王委派王孙满去慰问，楚王趁机询问传国之宝——九鼎的大小轻重。这种侮辱行为触怒了王孙满，他毫不客气地对楚王说，周室虽然衰落了，但天命没有改，鼎的大小轻重还不应该过问。

礼器是用来体现"礼制"的。"礼制"是一个抽象的概念，是通过各种具体的仪礼和典章制度来体现的。礼器都是在祭祀、祷祝、会盟、宴享等各种礼仪场合中使用，因此它有体现等级制度和维护统治秩序的作用。从这个意义上，最重要的青铜礼器就成了诸侯统治者的象征。

统治阶层的人在其社会生活的许多方面都要讲求礼仪规范，所以对此类器物的需要量较大，单就陪葬而言已经非常可观。生活中的列鼎、列殷和八肆四堵的礼制组合，更是体现出礼制的隆重、庄严和高雅。列鼎组合是"九、七、五、三"制，列殷组合是"八、六、四、二"制，"礼非乐而不履"，故天小之制为八肆大钟、四堵编磬。不待细说，阵容的庞大隆重已跃然纸端。

___链　　接___

青铜礼器的品类

青铜礼器主要分为食器、酒器和水器等，不但种类多，而且数量也很大。

食器：鼎、簋、鬲、簠、豆、釜、甑等。

酒器：爵、角、斝、觯、觥、尊、卣、壶、瓿、方彝、耳杯等。

水器：盘、匜、盂、鉴、洗等。

合金古镜
——青铜文化的延续

　　青铜的发明和使用是人类文明史上的一次重大飞跃。作为当时先进生产力的一个重要标志，我国夏、商、周被称为"灿烂的青铜器时代"。春秋战国以后，青铜器逐渐衰落，被更先进的生产力代表铁器所取代，但青铜镜的制造和使用却并没有因青铜器的衰落而衰落，相反，却出现了前所未有的繁荣和发展。可以说，古铜镜在青铜文化的大家族中是独立和自成体系的，或者说是青铜文化的延续。从其流行程度、铸造技术、艺术风格和其成就等几个方面来看，战国、两汉、唐代是三个最重要的发展时期。

　　铜镜起源可以追溯到古史传说时代。在《黄帝内传》中有记载："帝既与西王母会于王屋，乃铸大镜十二面，随月用之。"实物的古铜镜在4000年前的青铜时代初期就已经出现。目前考古发现时代最早的铜镜实物是原始社会后期的齐家文化墓葬出土的。那时的镜较小，背面有直线装饰。

　　春秋时期，铜镜饰有写实的虎、鹿、鸟纹图案，常被用来赏赐，这说明当时铜镜还很稀少和珍贵。《左传》记载，郑伯朝见周王，周王将佩带的铜镜赏赐给郑伯，周王同时赏给虢公铜爵，郑伯认为周王赏赐不公，从此开始对周王不满。由此可见，铜镜作为珍贵的生活用具，并不能同礼器铜爵相提并论。铜镜在历史上一直是宫廷、贵族享用的高档消费品，在早期使用上还有一定的级别限制，因为战国处于奴隶社会的末期，诸侯国战争连年不断，需要大量的青铜用来制造兵器，古镜不是一般贵族能使用的，所以战国镜的价值是可想而知的。

战国时期铸造青铜礼乐器逐渐减少，生活用器开始迅速增多，而日常生活用器中铜镜占很大比重，并有着重要的地位。战国铜镜多圆形、少方形。形制轻巧、镜体轻薄，厚度在0.1cm—0.8cm之间，直径通常在10cm—20cm之间。镜钮多为细小的弓形钮，钮上常有几道弦纹，钮的周缘常有圆形或方形钮座。战国铜镜不铸铭文，但花纹样式极其丰富多彩。战国铜镜发展从早期到晚期，直径由小到大；花纹由简到繁；钮座由无到有；镜面由平到凸，边由平缘到卷缘。另外，战国时期已经开始出现彩绘铜镜，但极少见。

秦汉以后，政治上的稳定，带来经济上的空前繁荣，铁器的大量使用，使青铜显得不那么珍贵。镜的使用更加广泛，镜的制作也更加精良。它的质料包括金、银、铜、铁等，以铜为最多，也有镀金银的、背面包金银的、或镶嵌金银丝的。汉初铜镜背上开始出现铭文，其内容多为三字或四字一句的吉祥语。两汉时期流行烧制日光镜、昭明镜和四神镜和鸟兽纹镜。镜面已经从平板式变成微凸式，钮普遍加大。有纪年的铜镜开始出现并逐渐增多，为铜镜的时代鉴定提供了更准确的依据。从铜镜的镜铭上考证，那时的铜镜有官铸也有民间铸的，有大量民间吉祥用语，由此可以认为铜镜已普及到一般平民家庭，价值等同日常生活用具。

隋唐以来，铜镜工艺独树一帜。这时的铜镜普遍厚重，由于研磨技术高超，镜面洁白光亮，流传至今历时1000多年，仍清晰鉴人。铜镜外形除圆形和少数方形外又有不少创新，出现了葵花形、菱花形、亚字形、方形圆角以及带柄手镜等。镜背花纹装饰应有尽有。唐代，"贞观之治"带来空前的繁荣，人口大量增长，青铜资源相对缺乏，厚重、规格大于20厘米以上和其他特殊镜种，应属于帝王将相家庭使用品，价值不好衡量。唐代的经济、文化对外国影响很大，举世闻名的丝绸之路促进了中国与中亚、西亚及欧洲的友好往来。唐镜也被商人们经过这条路带往各地。近年来，中国周边国家都发现了唐代铜镜，伊朗甚至发现了仿制的唐式镜。唐代以后，铜镜逐渐衰落，价值也就是在一般日常生活用品范围。

清代乾隆以后，水银玻璃镜开始大兴于民间，铜镜开始退出实用领域。

古铜镜绝大多数为圆形，少数为方形、长方形、葵花形、菱花形和带手柄的。圆在中国古代是丰满、完整、吉祥、美好、富足的象征，在汉语中团圆、圆满是祥和的词语。铜镜光亮的一面为镜面，反面中央设钮以穿绦带便于手执使用。镜背素面外，大多数铸有图案和铭文，有着强烈的时代特征。

为方便使用，古镜尺寸大多小而薄，除特殊的外，一般为10cm—15cm，大的在15cm—23cm间，小的在10cm以下；小于5cm、大于30cm为罕见镜种。重量一般在几十克至三四百克之间，极少数达七八百克。

"破镜重圆" 的故事

南朝最末的一位皇帝陈后主陈叔宝是一位风流天子。他在南京虽然身为皇帝，却不喜欢管理国家大事，整天醉生梦死地在宫中喝酒吟诗，过着荒唐的生活。陈叔宝有一个妹妹，被封为乐昌公主，她姿容和才学超群，和陈国太子的下属徐德言结为夫妻。陈国日益衰微，一天徐德言对妻子说："以你的才华和容貌，国亡后必定要落在豪强的家里，如果我们还有情缘，我希望能再见面，但要有个信物作为凭证。"徐于是将一面铜镜破为两半，自己留一半，另一半给妻子说："你以后每年正月十五那天在市上卖这半面镜子，如果我还活着，我也在这天来找你。"

陈亡国后，乐昌公主流落到隋朝大臣越公杨素家里，受到杨的宠爱。徐德言经过流离颠沛，终于回到了京城。正月十五这天，他来到集市上，看到有人正在高价叫卖半面镜子，徐德言将那人领到住处，设宴相语。那人所卖的半面镜子与自己的半面镜子正好合在了一起，徐于是写了一首诗："镜与人俱去，镜归人未归！无复嫦娥影，空留明月辉！"陈氏看到诗后，心中很悲痛。这事被杨素知道了，就让陈氏和徐德言团聚，并送给他俩许多东西。后来徐德言与陈氏回到了江南，二人白头偕老。

一面铜镜能起到这么大的作用，由此可见古人对铜镜的重视程度。它除了鉴容外，也常作为男女爱情的信物和象征物，汉代铜镜上就铸有"长相思，毋相忘"的句子。

帝王千秋镜
——不是扬州百炼铜

唐太宗李世民说过："以铜为镜，可正衣冠；以古为镜，可知兴替；以人为镜，可明得失。"

据《玉海》卷九十记载：唐玄宗把他的生日八月初五定为"千秋节"。规定在这一天王公以下都得贡献铜镜。唐玄宗生日当天登上花萼楼接受朝臣们和外国使臣的庆贺，并同时对四品以上僚臣赏赐铜镜。唐玄宗本人曾写有《千秋节赐群臣镜》诗："铸得千秋镜，光生百炼金，分将赐群臣，遇像见清心……"受这种风气的影响，民间也开始流行八月初五铸镜相赠的习俗。

为了铸造贡镜，规定在端午节这一天，扬州的铸铜工匠们都集中到扬子江来，运用他们的技巧，铸造各式各样的铜镜，称作"百炼镜"。唐代大诗人白居易，在他的《新乐府》里就有一首题为《百炼镜》的诗："百炼镜，镕范非常规，日辰置处灵且奇，江心波上舟中铸，五月五日日午时。琼粉金膏磨莹已，化为一片秋潭水。镜成将献蓬莱宫，扬州长史手自封。人间臣妾不合照，背有九五飞天龙。人人呼为天子镜，我有一言闻太宗：太宗常以人为镜,鉴古鉴今不鉴容。四海安危居掌内,百王治乱悬心中。乃知天子别有镜,不是扬州百炼铜!"我们从这首诗里,可以看出这种进贡皇宫的铜镜,要费巨大的人力物力。铜质是经过百次以上提炼出来的,工匠们还用尽心思设计出了象征皇帝的"九五飞龙"的精美图案,并把它铸在镜背面,又用玉屑金膏不断地细心磨擦,把镜面擦得如秋水一般的明净。

可以看出,在千秋节中铜镜的进贡、赏赐所占据的重要位置。它的意义逐渐延伸,以致有了"遇像见清心"和祝福长寿的涵义等。

链　接

铜镜和镜台都曾被用作聘礼

我国古代的婚姻制度,讲究"父母之命,媒妁之言",经双方家长同意后,就下聘礼,聘礼中就有铜镜和镜台。元朝戏剧家关汉卿在他所著的《温太真玉镜台》一剧中,对镜台做聘礼的故事有生动的记述。

温太真名断,是东晋时代一位有名的人物。他奉皇帝的诏令北征刘聪,把刘聪珍藏的玉镜台,当做胜利品夺取回来,私自藏在家里。后来他的原配夫人死了,恰巧他的一位堂房姑母,有女儿还没出嫁,托他介绍一位出色的女婿。温太真心中有数,假意对他的姑母说:"像我温某这样的人物,能够做你家的女婿吗?"他姑母莫名其妙地随口允诺了。过了几天,他再去姑母家说:"合乎你条件的女婿，已经找到了。"于是他把那玉镜台当做聘礼，恭而敬之地捧到了姑母家。等到结婚的那一天晚上，姑娘用双手掀开纱巾，看到这位新郎，抿着嘴笑了起来，悄悄地对他说："我早疑心就是你这老东西，果然不出所料呀！"

古铜镜辨伪
——听声、看形、辨锈、闻味

    古铜镜多是用铜、锡、铅合金铸成的青铜镜,传世和出土数量都很多。自战国时代开始,至秦汉、隋唐,宋、元、明清各时代的铜镜,它们形状、纹饰各异,种类繁多,铸造精美,是古代青铜文化中的一朵奇葩,有着极高的考古和收藏价值。

    古铜镜不仅具有很高的文物价值、学术价值、艺术价值,还具有巨大的升值空间和投资潜能。古镜的收藏价格,按年代来分,战国、唐镜价格最高,汉镜仅次,宋、元、金时代的铜镜价格较低,明、清时代铜镜就不值钱了。若按大小来分,20厘米以上、5厘米以下的镜种较珍贵;按品种来分,战国的"山"字镜、菱纹镜、蟠螭纹镜,汉镜中的重圈铭文镜、规矩镜、神兽镜、画像镜,隋唐镜的瑞兽葡萄镜、花卉镜、花鸟镜、人物故事镜、盘龙镜等均是镜中的珍品;上述年代的特殊镜种,譬如镏金、错银,镂空彩绘,螺钿镜、金银平脱、贴金贴银镜等当然更是珍贵,但是国家不允许个人收藏。以品相较好的13厘米古镜来举例:战国"山"字镜、唐镜中的瑞兽葡萄镜、人物故事镜均在人民币5 000元以上,而汉镜中的规矩镜、神兽镜等却在5 000元以下。日常容易收藏的一般品种均在几十至几百元间，并非高不可及。按古镜不可再生产原则，它的收藏价值和鉴赏价值均是很高的，不只在国内，尤其在日本，早在1920年左右就在收藏研究中国古镜，近几年国内越来越多的人加入收藏铜镜的队伍，已形成"铜镜文化"和收藏热。

投资古铜镜的首要问题就是辨别真伪。如今，随着人们对铜镜收藏热情的日益提高，利用现代高科技手段仿制的铜镜充斥市场，即使是有经验的行家稍不留心也会上当受骗。就其真品来说也比较复杂，传世与出土的铜镜不同，全国各地铜镜的形制、工艺、皮壳、包浆也各不相同，地域性非常强。所以辨别古铜镜的真伪要在了解古铜镜的基本知识基础上，从铸造技术、形状、纹饰、铭文、铜质、重量、声音、锈色等方面综合考证，这就要求多看书，多实践，多向专家和行家请教，甚至要了解最新的作伪技巧。古铜镜的价格也不能一概而论，年代、尺寸、品相、珍稀程度、市场需求等都是决定价格的重要因素。

近年来古铜镜的收藏越来越为收藏者所关注，仿冒的古铜镜也开始出现。由于不同时代铸造的铜镜具有不同时代的特征，因此，收藏者辨别古铜镜的真伪，首要的还是应该从铜镜的性质、纹饰、表现的内容等方面，对各时代的铜镜进行充分的了解。古代的铜镜传于今日的，均是出土的文物。所谓出土文物，不是指兵荒马乱时流落地中，大致都是墓中的殉葬之物。古代墓葬必用水银，因此，今日出土的铜镜必均受有水银的染变。但因铜质的优劣及水银的强弱，它的水银色也自不相同，有银色的、有铅色的。铜镜的质地晶莹，又先得水银沾染，年久入骨，满背水银，千古亮白，称为银背；如果先受血水秽污、再受水银侵入，其铜质复杂，则色如铅，年远色滞，称为铅背；还有半水银半青绿朱砂堆的，先受血肉秽腐，其半日久酿成青绿，其半净者，乃染水银，故一镜之背二色间杂也。现在的铜镜以银背为上品，铅背次之，青绿又次之。如果铅背埋土年远，遂变纯黑，谓之黑漆背，此价尤其高，但这种颜色也较易伪作。

在此基础上，收藏者还可以通过听声、看形、辨锈、闻味等几个方面，来辨别古铜镜的真假。听声就是敲击铜镜，通过铜镜发出的声音来辨别真伪。由于新老铜镜在制作时，铜、锡、铅等原料配置的比例不同，因此，其发出的声音也不相同。

新仿的铜镜和老的铜镜在声音上是有很大区别的。老的铜镜普遍声音比较低沉、圆润。而新仿的铜镜声音比较清脆，甚至是刺耳。比如说新仿的铜镜，我们敲一下它的声音一定是很清脆的。老铜镜声音就不一样，因为它的结构不一样，它的声音就比较沉稳。声音上它们是有区别的。

除了声音上的辨别外，"看形"也是鉴定古铜镜的一个小窍门。"看形"就是研究铜镜的形状，从形状上对古铜镜的真伪进行辨别。为保证铜镜能具有真实、清晰的效果，古人在铸造铜镜时，镜子的大小和弧度有严格的比例关系。一般来讲，小一点的铜镜可以看到比较平缓的弧度，超过20厘米的铜镜就基本是一个平面，看不出明显的弧度起伏。而新仿的铜镜弧度与镜子的大小普遍不成比例，大铜镜弧度很大，小铜镜弧度收缩不自然。所以，仿制铜镜照出的人和景物，往往不清晰，甚至变形。除"看形"外，辨别铜镜上的锈和铜的味道，也可以对古铜镜进行真伪方面的鉴定。

从锈上来说，新仿的铜镜，它的锈是后做上去的。采取了一些化学的作用，或把一些老铜器上的锈划下来以后，用胶和起来粘连在上面，可以用水来辨别。仿制品的铜镜，你把它放在水里，它会出现几种情况，一种情况就是它不沾水，有锈的地方它不沾水，是逆水的，就像荷叶沾水一样的感觉。沾水以后，新仿制的铜镜有这样几种味道：一种是硫酸味；一种是臭味，碱烧过的那种臭味；还有一种是铜腥味，就是刚炼出来的铜做成的铜镜，也有一种铜腥的味道。而老铜镜一般有一种铜香味。我们说的铜香味，就是出土后的泥土香味。

由于不同的时代铸造的铜镜都有各自的时代特征，因此收藏者要辨别铜镜的真伪，首先还是应该从铜镜的形制、纹饰、表现的内容等方面对古铜镜进行充分的了解。在此基础上，收藏者还可以通过听声和看形这两种方法来辨别铜镜的真伪。听声就是敲击铜镜，通过铜镜发出来的声音来辨别真伪。由于新老铜镜在制作时，铜、锡、铅等原料配制的比例不同，因此它们发出的声音也不一样。一般来说，老铜镜的声音普遍比较沉闷、圆润，新仿铜镜的声音，往往比较清脆，有时甚至刺耳。除了从声音上辨别外，看形也是鉴定铜镜真伪的一个小窍门，看形就是研究铜镜的形状，从形状上对铜镜的真伪进行辨别。一般来说，小一点的铜镜可以看到比较平缓的弧度，超过20厘米的镜子镜面基本上成为平面，看不出明显的弧度起伏。而伪镜的弧度与镜子的大小普遍不成比例，大铜镜弧度很大，小铜镜弧度收缩不自然，在镜子边缘往往形成棱角。所以伪镜照出的人和景物，一般不会清晰，甚至有时会出现变形的情况。

博山熏炉
——汉武帝的幻境追忆

　　焚香习俗在中国有着悠久的历史，根据出土的考古实物显示，古代用香的史实最迟在春秋晚期就已经出现了。古人焚香不仅用于供祀神佛，过去作为一种社交礼仪，人们祭天礼地、朝见君王或拜见尊贵的人物都要焚香、熏衣、染冠以示尊敬。焚香后来还逐渐演化成为中国文人读书时的一种高雅情趣。焚香置案以抚琴诵经，何其风雅。读书时焚香，既可以轻松环境、愉悦身心，又可以保持精神旺盛，长夜饱读诗书而不困倦，所以古人有"红袖添香夜读书"的句子。当然，使用者大多为王公贵族士大夫之流。在熏炉中焚燃香料，但见缕缕青烟由盖孔袅袅升起，清香四溢，通窍明神。在我国漫长的封建社会礼仪生活中，熏炉，这个焚香的器具一直扮演着不可或缺的重要角色。在对熏炉的使用和赏玩上，极力推崇典雅；讲究在品玩高品位的器具中寻求古趣、雅趣和乐趣。

博山炉是熏炉的鼻祖

宋代喜书画，善鉴赏的赵希鹄在其所著的《洞天清禄集·古钟鼎彝器辨》一书中说："今所谓香炉，皆以古人宗庙祭器为之。"早在汉代（公元前206年—公元220年）以前，人们就有了焚香的习俗，但是那时古人焚香还没有专用的器物。大多是在以铜、陶、瓷、铁、瓦等为材料制成的其他器皿代替。直到汉代丁缓开始造出博山炉，焚香用的工具才有了专门的名称，但是特制的香炉器具仍然不多。

博山炉又叫博山香炉、博山香熏、博山熏炉等名，是中国汉、晋时期常见的焚香器具。常见的博山香炉为青铜器和陶瓷器。炉体呈青铜器中的豆形，上有盖，盖高而尖，镂空，呈山形，山形重叠，其间雕有飞禽走兽，象征传说中的海上仙山——博山而得名（汉代盛传海上有蓬莱、博山、瀛洲三座仙山）。博山炉下有底座。有的遍体饰云气花纹，有的鎏金或金银错。当炉腹内燃烧香料时，烟气从镂空的山形中散出，有如仙气缭绕，给人以置身仙境的感觉。是西汉时期常用熏香器具，可用来熏衣、熏被以除臭、避秽。博山炉初为铜质素面，后随工艺技术的发展，外表施以鎏金，或错金、银。博山炉流行于汉代，后世亦曾使用并仿制。

形态各异、巧夺天工的博山炉出现在汉武帝时期，其出现与当时使用的香料和人们的生活方式有关。西汉之前，人们使用茅香，即将熏香草或蕙草放置在豆式香炉中直接点燃，虽然香气馥郁，但烟火气很大。西汉时使用的香料有香茅、蕙兰、花椒、辛夷等十几种植物。武帝时，还有了一些来自国外的香料，如龙脑香、苏合香等。龙脑香产自马来半岛、苏门答腊等地，是从龙脑树的木材中提取出来的，因呈白色结晶状，故又称冰片。苏合香也是一种树脂，产自叙利亚等地，经丝绸之路传入中国。刚好汉代社会又弥漫着一股炼丹成仙的思想，于是受炼丹术的启发，各种调制香料的新技术也陆续产生，而选用香料的不同，也直接影响香炉造型的改变。树脂香料不像过去的茅草可以直接燃烧，它必须借助炭火的熏烤才能使香脂蒸出馥郁的香气。所以这些外来香料在使用时，需要将香料制成香球或香饼放在炉中，下置炭火，用炭火的高温将这些树脂类的香料徐徐燃起，香烟味道浓厚，烟火气又不大，通过博山炉的若干小孔飘散出来，使人恍惚迷离，如入仙人之境，顿觉舒泰。

说到汉代博山形香炉的大量烧造，还有一个美丽的传说。

传说在汉朝时，汉武帝宠信道士，苦求长生之道。博山形香炉的出现，正是汉武帝向往仙境、幻想长生不死的迷信思想的一种明显表现。有人骗他说：在蓬莱（今天山东省蓬莱市）海中有仙山，也就是博山，在那里能见到神仙。汉武帝听后异常兴奋，不仅马上派人去寻找仙山，他在公元前110年的时候，还亲自率领百官到今天的山东青州一带，遥望仙山。当他返回都城长安后，依然难忘仙山之景、难舍仙境之情，于是便下令开始制造香气缭绕、象征着蓬莱仙境的博山形香炉。很快，这种博山式样的香熏炉就传播开来，并很快盛行于当时的宫廷和贵族生活之中。

从考古发掘材料看，用于焚香的熏炉在两汉时期已经在大量使用，陶、铜、金银、石、漆、木等多种质地，各种动物形炉、碗形炉、鼎形炉的造型更是千姿百态。不少熏炉在制作上都非常考究，造型古朴典雅，形式多样，外表鎏金或错金银，显得异常高雅瑰丽。

熏炉百变，香文化烟火盛

放眼古代中国的历史发展，熏炉的造型可以说经过多次的转变，几乎每朝每代都有自己独特的香炉造型。除了博山香炉之外，魏晋南北朝时期还出现了青瓷或白瓷的敞口五足和三足瓷器香炉。

唐以后佛教盛行，香熏文化自然也很发达。熏炉的材质式样都很丰富，已经摒弃了带承盘的造型，炉底改为三足或五足，也有做花瓣喇叭座的。值得一提的是，纵览唐代琳琅满目的诸多香炉中，有一种有趣的熏香球颇引人好奇。这种外层镂空，最里层悬有一半圆形小香钵，小香钵借由外层环轴的不同水平连结，可让香钵始终保持平衡，这类设计精巧的袖珍熏香球形炉，主要用于被褥熏香。不仅如此，在唐代熏香文化中，依据不同的场合要求，所使用的香炉与香料也往往有不同的配套组合。甚至发展到唐中宗时期，朝廷的王公大臣们还会"各携名香，比试优劣"，定期举行令后人向往的"斗香"活动。

宋代瓷业发达，精致高雅的瓷炉开始被大量烧制。不过烧成的瓷炉并不方便使用，所以多用于赏玩。元明清时期，线香出现，铜器铸造业大发展，铜香炉又再度兴盛取瓷而代之。

宣德铜炉
——藏家可遇不可求

千百年来，香炉在我国民间广为流传。明代的宣德年间（公元1425-1434年）是铜香炉制作的巅峰阶段。明朝300年间，制作器物不可胜数，多上乘之作。宣德炉作为其中的一种，身经百炼，质地晶莹、分量沉重，堪称天地间精美绝伦的古董。宣德炉的铸造成功，开启了中国用黄铜铸炉的先河。其工艺精良、造型异常精美，令后人为之倾倒，是铜香炉制作的巅峰。在很长一段历史中，宣德炉成为铜香炉的通称。价值连城的宣德炉，一直被各路藏家所青睐。

明宣宗与宣德炉

据说，洪武三十一年的一天，燕王朱棣做了一个梦：太祖皇帝朱元璋赐他一个象征着权力的大圭，大圭上镌着"传之子孙，永世其昌"八个大字。正当他半梦半醒、回味无穷之际，有人来报皇孙朱瞻基降生了。朱棣心念一动。不久，明太祖去世，朱棣以"清君侧之恶"为名发动靖难，成为永乐皇帝，皇孙朱瞻基深受宠爱，其父朱高炽也因他被册立为皇太子。

洪熙元年五月，朱瞻基即位，改元宣德。他就是宣德皇帝，既是一个有较高文化素质的皇帝，又是一个生活充满情趣，热爱书画、喜欢射猎、斗促织和戏游无度的皇帝。他就是被后世誉为"太平天子"、"守成之君"的明宣宗，明朝"永宣盛世"的开创人。

宣宗继位后，整个国家社会安定，经济繁荣，风行追求物质享乐。宣德皇帝检视宫内所有收藏品，总感慨遗失得太多，经常考虑要增加宫内的收藏物品。

据文献记载，宣德三年初，宣德皇帝得到了南方暹罗国(今泰国)剌加满霭进贡的几万斤风磨铜。这触动了他改善郊坛、太庙及内廷之鼎彝陈设的想法，于是决定用此铜铸炉。

一道旨令使工部、礼部等官员忙碌起来，责成宫廷御匠参照《宣和博古图》、《元丰礼器图》、《绍兴鉴古图》诸书及皇府内库所藏柴、汝、官、哥、钧、定各窑烧制的款式典雅的器皿，设计宣德炉的形制，最后选定出29种典雅样式，皇帝亲自审定了117种图谱，包括鼎、炉、鹤、鬲、簋等器物。于宣德三年，命工部侍郎吴邦佐依图谱开炉铸造。

名贵铜炉，百炼成金

在明代以前的几千年里,中国的鼎器多以青铜铸造，少有黄金般的光泽。而宣德炉原料上乘，冶炼技术精湛，以光色灿烂闻名于世。明末清初冒襄在《宣德炉哥注》中形容它说："宣炉的精华在于色彩。它的颜色内融，在黯淡中发出奇光，很像漂亮女子的肌肤柔腻可掐。烧炼时间长了，灿烂而变化多端。"

宣德时的工艺师为保证香炉的质量，精心挑选了金、银等三十几种贵重金属，其中风磨铜是主要原料，把铜做成条，再用赤火熔化铜条，置于钢铁制成的筛格上，把先滴下的最精纯的选取出来制成炉，把仍存于筛格上的取出来制成其他的器物。普通铜经过四次冶炼就会呈现出非常好的光泽，古代名剑干将、莫邪也只冶炼了6次。而制造宣炉时，铜最多时经过了12次精心铸炼，最差的也要炼6次。铸成后的宣德炉炉质更加纯细，色泽晶莹温润，如婴儿的肌肤。

宣德炉中的上品有的还要用赤金进行鎏裹或镶嵌金银丝片及珠鸦、鹊青、祖母绿桃花片等各种名贵宝石的，看上去光芒四射，极其名贵，给人一种不同凡器的感觉。而且宣德炉的耳、边、口、足等细微之处，制作也很用心。耳的种类如朝天耳、环耳等有50余种，边有20余种，口有10余种，足有40余种，五花八门，蔚为大观。由此可见宣德炉的确很珍贵。

宣德炉原料配料都已如此名贵，设计造型又如此完美，为何还要反复多次冶炼呢？殊不知，这正是因为多种金属合成的原料要求如此。金属合成必须用水银。而水银包含在金银铜质内，会使金银铜失去原来的光泽。但水银的熔点非常低，在常温状态下就会挥发。炼炉就是要将铸炉时所有的水银用加热的方法去除掉，使铜内的贵重成分慢慢显出本色。制造宣炉用30多种金属合铸而成，相应地含有的水银自然就会很多。铜炉当然也就是越炼越纯，越炼越美。由于铜内含有的水银成分，任何烧炼都不能彻底清理干净，所以宣德炉的纯色追求也就没有止境。

宣德炉为何一炉难求

宣德炉原料中贵重金属多，炼次又繁，所以颜色格外丰富多彩，有一种从内里透出的奇光，变幻无常。据史料记载，宣德炉有如藏经色、棠梨色、朱红斑色、枣红色、琥珀色、茶色等40多种色泽。明朝万历年间大鉴赏家、收藏家、画家项元汴曾说："宣炉之妙，在宝色内涵珠光，外现澹澹穆穆。"

如今真正的传世之宝——明代"宣德炉"真品已是寥若辰星，非常罕见，成为藏家可遇不可求的宝贝。根据记载，宣德年间利用这批进贡的风磨铜铸造的各种式样的宣德炉总共不过数千件，以后就再也没有出品。当时铸造的这些宣德炉都深藏在禁宫之内，除御用外，明宣宗也将其分赐给诸王、臣子，以及京内各郊庙祭坛、各地著名寺院，但总数不过几千件。普通百姓只闻其名，未见其形。经过数百年的风风雨雨，真正宣德年间铸造的宣德炉已是极为罕见。宣德后的明、清和民国各个时期出现了又大量的"宣德炉"仿制品。因此人们对宣德炉的认识一直是真假难辨，不识庐山真面目。

稀有名炉
——真假难辨，仿品也分"高下"

明代的宣德炉一经出现，便在当时掀起了一股仿制热潮。但到了明末，战火连天，很多宣德炉都被送到"造办处"变成银两，以支付打仗的费用。所以，真正的明宣德炉传世极少，目前各大拍卖行成交的宣德炉，多是明中期以后的仿品。

优质宣炉，仿品成交价格也很惊人

宣德铜炉在明代就是很贵重的物件，精品今人已经很难见到。即使是很普通的仿品，式样玲珑色彩完好的，今天的售价也可以达到数千元以上不等。优质的宣德炉仿品的成交价格自然也是很惊人的。

2003年，中国嘉德秋季拍卖会曾集中拍卖过著名收藏家王世襄收藏的一批宣德炉。尽管这批宣德炉多数是明末和清代的仿品，但是成交价依然十分高。其中，一款刻有"崇祯壬午冬月青来监造"楷书款的"冲天耳金片三足炉"，以创纪录的166.1万元人民币成交。

从明代宣德年间到20世纪初期，藏家们的热捧使得宣德炉历代都有仿制。现在，市场上见到的宣德炉几乎全部都是这种仿品。

宣德炉外表高贵富丽，又很雅致，符合有实力投资者的品味，价格应该还会不断攀升。一般来说，风格设计有明中期特征、包浆和铜质特别好的，就能算是上好的宣德炉。明仿品中有洒金、错金等特种工艺的精品，其价格都可达10万元以上，这类铜炉向来受到港台藏家的喜爱，在拍卖会上成交的平均价格比欧美市场还要高。至于清末民初的仿品，铸工不精的也就数百元，但工艺精、造型好、包浆佳的也会达到数千元。

鉴识可知"优劣"

民国时的赵汝珍曾说过，古玩中宣炉最易鉴别，因为真伪差别特别大。

在宣德以后，历代都有仿制宣德炉的，而且数量很多。有的仿品在铜质上和颜色上完全可以和真宣炉相媲美，但大部分的仿品和真品相比是比较容易辨认的，特别是清晚期以后的仿品大多很粗糙。所有真的宣德炉器形在炉谱上都有相对应的名称。器形有乳足炉、鬲式炉、鼎彝炉、敦炉、床炉、钵炉等。如果炉谱上没有相对应的器形，那这件炉就一定不是真的宣德炉。真的宣德炉每种炉样都有一定的尺寸大小，有一定的口径、腹径、底径，有一定的耳高、身高、足高，而且每种炉样都有精确的重量。当然只是对应图谱查看炉的器形、尺寸、重量显然是远远不够的，最主要的还是要看炉的铜质和铸造工艺。真的宣德炉铸造工艺非常规整，讲求对称，花样繁多，雕工精美细致。

首先，从铜质上就能鉴别真伪。真宣德炉的原材料用的是很贵重的风磨铜。又经反复提炼，同时铜中加入金、银等贵金属，这样，愈烧愈纯，金银等贵金属浮于表面，轻轻擦拭，便泛出光泽，铜质之佳可以想象。仔细看宣德炉底、足等部位露出的铜，质地精者为真，粗劣者为假。

其次，真炉的色彩是无法伪造的。真炉其色泽蕴藏于内，映出黯淡奇光，灿烂、自然而柔和。近看如肌肉色，用火加热则色彩灿烂多变。鎏金或散鎏金宣德炉真者，金水很厚，呈黄中闪白色；假者，金水薄，不均匀、显轻浮。造假的宣德炉光照夺目于外表，并非自然生成。

再次，真品宣德炉浑厚古朴，轻浮者必假无疑。

最后，看款识。宣德炉的款识比较复杂，有一、二、四、六字款四种，分别为"宣"、"宣德"、"宣德年制"或"大明宣德年制"。据说，正宗宣德炉器物中本来是有无题款字的，但都被后代添刻上去了，到今天已经再也没有正宗宣器无题款一说了。真品宣德炉的刻款多为楷体，字字结构严谨，完整规矩，款地明润，排列紧凑。而假宣德炉随意书写者为多，字体不规整。

总之，宣德炉最奇妙之处在于色彩。伪造的宣德炉色彩炫于外表，真的宣德炉色彩融于内质。宣德炉放在火上烧久了，色彩灿烂多变，即使扔在污泥中，拭去泥污，也与从前一样。伪造的宣德炉，即使用火培养数十年，一旦脱火，则形容枯槁。

景泰蓝
——瓷器和铜器完美结合

　　景泰蓝又称"铜胎掐丝珐琅"，这种工艺的制作既运用了青铜和瓷器工艺，又融入了传统手工绘画和雕刻技艺。这种"瓷铜结合的独特工艺"，将中国工艺史上最牛气的两件东西——瓷器和铜器完美结合。最终成为中国著名的传统特种工艺，被称为中国工艺美术史上一颗璀璨的明珠，同时也是世界掐丝珐琅工艺中当之无愧的珍贵艺术遗产。

　　铜胎掐丝珐琅工艺仅从字面看，铜胎和掐丝的工艺都不难理解，那么珐琅是什么呢？珐琅的基本成分是石英、长石、硼砂和氟化物，与陶瓷釉、玻璃、琉璃同属硅酸盐类物质。珐琅的制作方法是将石英、瓷土、长石、硼砂及金属矿物粉碎，成为珐琅粉，经熔炼，形成与釉一样的玻化物质，涂在镶嵌金属丝的金属器物上，焙烧冷却后，经磨光而成。中国古代习惯将附着在陶或瓷胎表面的称为"釉"；附着在建筑瓦件上的称为"琉璃"；而附着在金属器物表面上的则称为"珐琅"。

　　中国的铜胎掐丝珐琅工艺外观晶莹润泽、鲜艳夺目，具有鲜明的民族特色和绚丽的艺术风采，在世界掐丝珐琅工艺中独树一帜。这种工艺首先要在烧成的铜质器物胎体上按照图案设计要求描绘图案纹样轮廓线，然后用细而薄的铜丝或铜片掐、掰成各种花纹焊接或者是黏合在纹样轮廓线上，再将纹样的间隙空白处用各种彩色的珐琅釉料填充完整，最后还要经过高温熔烧、磨光、镀金等加工工艺最终制作完成。由于这种珐琅工艺在明代景泰年间已经开始大量制作，多用宝石蓝、孔雀蓝色釉作为底衬色，此期间的珐琅工艺无论在技艺还是在数量和质量上都达到了前所未有的水平，所以人们将这种精美的掐丝珐琅称为"景泰蓝"。与此同时，景泰蓝也成了同类工艺品的代名词。

景泰蓝的起源是个谜

关于景泰蓝的起源，考古界至今没有统一的答案。一种观点认为景泰蓝诞生于中国唐代；另一种说法是掐丝珐琅工艺起源于公元前12世纪，曾盛行于欧洲和西亚的部分帝国。公元13世纪时元代忽必烈西征，掐丝珐琅工艺才从西亚、阿拉伯一带传入中国，最初是先在中国云南一带流行，后来传到京城，并迅速得到了历代帝王宫廷的喜爱。但也有为学术界公认的一点，那就是明代宣德年间是中国景泰蓝工艺大放异彩的时期,景泰年间更是继承了宣德时期景泰蓝的制作工艺优点，并提高到一个新的水平，最终达到辉煌阶段。

景泰皇帝是宣德皇帝之子，宣德皇帝重视铜器的铸造和铜的冶炼。在铜器的铸造冶炼方面，宣德时的技术已经炉火纯青，接近完美，想有更大的进步已经不太容易了。于是景泰时就只能一面继承宣德时期的高超铸铜工艺，一面另辟蹊径，提高景泰蓝这种新工艺的水平，达到了再次的辉煌。"景泰蓝"这个称谓最早见于清宫造办处档案。金属掐丝珐琅工艺，并不是创始于景泰年间，却独在名字里占了景泰的年号，据说只是因为在景泰时期把许多早期遗存的旧铜器重新作了改装组合，于是就获取了"景泰御前珐琅"的美誉。

景泰蓝在中国能有这样的成就也是必然的。当时的中国工匠们已经具备了相当高的铸铜冶金技术，同时又熟练掌握釉、玻璃和琉璃的制作知识，而且还懂得控制煅烧的温度，具有发展景泰蓝的良好条件。在另一方面，珐琅能显现出良玉的温润、珠宝的光辉、美瓷的细致，满足了中国人的多种爱好与审美，所以这也带动了景泰蓝在中国的大发展。

景泰蓝之前世今生

景泰蓝历史悠久、造型典雅、色彩鲜艳、图案华丽，给人以富丽堂皇和精美华贵的视觉感受，具有较高的收藏价值。旧时的景泰蓝艺术品是专供皇宫贵族享用的，是权利与地位的象征。经历了传统工艺师们600多年的精心描摹与烧制，景泰蓝也逐渐从器物的代称被升华为一种中国传统文化的象征。

明宣德时期铜胎掐丝珐琅工艺的基本特征多以浅蓝釉为底色，亦有少量用白色釉为底者，其上由宝石蓝、鸡血红、车磲白、墨绿、草绿、绛紫、娇黄等多彩釉色组成缠枝花卉和云龙戏珠图案，釉色纯正稳重，釉面蕴亮，但有砂眼。掐丝的粗细，略显不匀，勾勒出来的花纹图案轮廓线衔接处不甚紧密，往往露出掐丝衔接的痕迹，铜胎的制造比较厚重，给人以自然朴实的美感。而"景泰年制"款的珐琅制品中，许多都是依赖早期遗存的旧器重新加工改制而成，也有部分"景泰年制"款的珐琅作品，是后世慕名仿制和改款的，真正景泰年制作的珐琅器数量很少。

明万历年间，铜胎掐丝珐琅的制造有了新发展，艺术风格和工艺技巧都有明显变化。以浅淡釉色为地的作品显著增多。擅长运用红、蓝、白、黄、绿五种色釉作图案装饰，色彩鲜明，对比强烈。珊瑚釉、青金石蓝釉，显色独特，有别于前期特点。松石绿釉则是此时出现的一种新釉色。这一时期的题材内容多有变化，年代款识的表现方法更是具有时代特征。通常多在器物的底部中心处，用彩釉如意云头纹组成长方形框栏，框内以绿釉为地，填红釉"大明万历年造"款。这种在款识周围装饰彩釉如意云头的方法是其他各时代所未见的。

清朝建立后，经过顺治年间的恢复期，至康熙时代，政权得到巩固，经济有了发展，一度停滞不前的工艺美术开始了全面复兴。金属胎掐丝珐琅制品主要由清宫"匠作"承造。开始时釉料色彩很少，颜色也不稳定。其后烧制出一些新色釉，显色也比较纯正。掐丝技术有了改进，掐丝线条纤细而流畅。

雍正年间制造的掐丝珐琅器，目前尚未发现有年代款识的作品。但据"造办处"档案记载，这个时期设有"珐琅作"，并有制造掐丝珐琅器和仿制"景泰珐琅瓶"的记录，只是目前尚未能从遗存的大量珐琅器中把它们识别出来。这种情况说明，其作品的艺术风格同其后的乾隆时期已无大的差异。故乾隆时期的掐丝珐琅可以反映清中期的整体水平。

　　乾隆时期，金属胎起线珐琅制品的烧造展现出新的繁荣景象。当时，宫内造办处的珐琅作生产了许多艺术水平很高的杰出作品；广州地区制造掐丝珐琅的技术亦有新的突破；扬州地区的掐丝珐琅生产也不逊色，烧制的作品很有地方特色。可以说，乾隆时代的铜胎掐丝珐琅工艺相当发达，掐丝珐琅制品已应用于宫中生活的若干方面。图案内容丰富，并把绘画晕染的技法融会于珐琅制作之中，增加了艺术表现力。珐琅的釉色增多，出现了黑、粉红等色。铜胎制造均很规矩，掐丝起线粗细均匀流畅，填釉饱满蕴亮，镀金光泽灿烂。部分作品采用捶提起线的技法，颇为新颖，展现出中国历史上铜胎掐丝珐琅工艺的最高成就。

　　铜胎掐丝珐琅工艺从嘉庆时期开始衰落，遗存的作品数量很少。造型颇显笨拙，掐丝粗壮，多采取留胎起线的方法，色调比较呆板。这种状况延至道光时期，更是江河日下，已看不到像样的珐琅制品出现了。1840年以后，具有鲜明民族风格的金属胎珐琅制品曾一度受到西方人的青睐。在这种情况下，民间掐丝珐琅工艺有了稍许恢复和发展。同治年间的掐丝珐琅制品，以浅黄色釉为地者居多，饰红、绿彩图案，色彩较单调，掐丝均匀细腻。此后，皇家设置了"印铸局"，生产的奖章、奖杯之类的作品，也运用了掐丝珐琅的工艺技术。

　　晚清以后，生产景泰蓝的民间作坊逐渐兴起，景泰蓝也从御用走向民用。吉祥福禄的图案以及茶壶、扁壶等器物大量出现。如今的景泰蓝，可以说是"旧时王谢堂前燕，飞入寻堂百姓家"。当代景泰蓝工艺大师多是兼修东西方美学，景泰蓝作品多有时代创新，一些作品极富视觉冲击力和时尚感觉，开始受到年轻人的喜爱。

——— 链 接

纷繁复杂的景泰蓝加工过程

景泰蓝的制作过程可谓纷繁复杂，就技术方法来说，大致可分为：制胎、掐丝、烧焊、点药、烧蓝、磨光和镀金。

制胎主要用紫铜铸成与油料相匹配的母体。

掐丝用镊子将压扁的细铜丝掐、掰成各种精美图案花纹，然后再使用白芨(一种植物，可制成植物性胶水)或焊剂将之黏附在铜胎上，然后筛上银焊药粉。

烧焊使用900度的高温焙烧，将铜丝花纹牢牢地焊接在铜胎上。

点蓝(点药)将珐琅色粉加入溶剂中，调出不同颜色的釉药，依照纹丝轮廓用金属小铲把各种珐琅釉料填入丝纹空隙中，先点地、次点花、再点蓝、后加亮白。

烧蓝入窑焙烧，使用800度的高温烧熔，将粉状釉料熔化。因为焙烧之后珐琅釉药的体积会比原来的缩小1/3左右，为了使器面不会凹凸不平，需要用同样颜色的珐琅多次填充。如此反复两次至三四次的上釉焙烧，才能将釉面与铜丝相平而毫无凹坑。

磨光将焙烧好的器物放入水中，用粗砂石、黄石、木炭等逐次打磨，将凹凸不平的蓝釉磨平，最后用木炭、刮刀将没有蓝釉的铜线、底线、口线刮平磨亮。

镀金将磨平、磨亮的景泰蓝经酸洗、去污、沙亮后，放入镀金液槽中，使用通电手续，让黄金贴附在没有上釉药的金属胎身上。最后，经水洗冲净干燥处理后，一件斑斓夺目的景泰蓝就完成了。

金属珐琅器
——风格多样，慧眼鉴藏

中国金属胎珐琅工艺品种繁复多样，造型新颖奇特，色彩富丽堂皇，具有浓重的中华民族传统风格。这种金属胎珐琅工艺受外来文化影响很大，在中国悠久的工艺美术史上是最年轻的新品种。依据金属胎珐琅器在金属加工工艺和珐琅釉料具体处理方法上的不同，一般可将金属胎珐琅器分为画珐琅器、掐丝珐琅器、锤胎珐琅器、錾胎珐琅器等几个品种。前文所说的景泰蓝就是中国金属胎珐琅工艺其中的一种——金属胎掐丝珐琅器。

掐丝珐琅器景泰蓝用料十分昂贵，工艺水平精湛，以铜胎为主，亦有用金银为胎。珐琅多采用进口天然矿石、宝石加工提炼而成，还需鎏金工艺，耗金量很大，因而它的工艺成本比同尺寸的瓷器要高出数倍甚至数十倍。而且景泰蓝虽硬，但珐琅脆易碎，且无法修复还原，所以它的价值潜力更大。

画珐琅与掐丝珐琅不同，所谓画珐琅，也就是用珐琅釉直接涂画在金属胎上。画珐琅的工艺是在胎坯外壁先涂上一层不透明的珐琅釉作底层，入窑烧结，并使其表面光洁平滑，然后以各种颜色的珐琅釉料按照图纹饰设计要求绘饰花纹图案，再经过入窑烧制后显色而成。此工艺烧制的成品色彩明丽、图案精细、美轮美奂，极富绘画趣味，故又称"珐琅画"。分为彩绘与单色描绘（用黑白或其他单色）两种。题材有肖像、人物、风景、静物与历史神话、宗教画。除了制作瓶、盒、盘、碗等日用器皿之外，还用于家具、钟表、化妆盒子的嵌件。

画珐琅工艺起源于15世纪中叶欧洲比利时、法国、荷兰三国交界的佛兰德斯地区。工艺生产的中心，开始在法国中部，后来转到意大利。随着东西方贸易交往的频繁，尤其自康熙二十三年清廷平定台湾以后，禁海开放，西洋制品开始涌入，西洋珐琅便由西方的传教士与商人经广州等港口传入中国。

中国人最早烧制这种画珐琅器是在广州，当时内地称这种西洋引进的画珐琅为洋瓷，宫中则称其为广珐琅，或者叫广东珐琅。当时，广州的产品多保留着西方文化的韵味，由于烧造技术不高，釉料呈色还不是很稳定。画珐琅最初在中国广州开始烧制只是为了外销，后来由于这些传入中国的画珐琅器，以贡品、礼品等形式进入清宫廷，引起了清代皇帝及王公大臣的关注。由于清朝王宫贵族们的喜好与需要，于是清政府分别在广州和北京宫廷专门设立了珐琅器制造作坊，这种工艺被正式引进皇宫。康熙五十八年，宫中还聘请法兰西画珐琅艺人来京，在内廷珐琅处指导烧造画珐琅器。这时的画珐琅工艺已经借鉴了中国传统掐丝珐琅器、瓷器和玻璃器的生产，并吸收了欧洲画珐琅工艺制作方法。经过若干年努力，器物式样、图案题材和珐琅色彩及使用功能等各个方面都已经具有了中国风格，而少有西方画珐琅器的特点，并且一直影响到现在。画珐琅工艺约于雍正年间传入苏州地区，在浓厚的工艺基础上，苏州生产的画珐琅作品风格独具，从而形成了内廷珐琅处和广州、苏州三大画珐琅生产中心，产品各有特点。

我国的画珐琅实物遗存较丰富，最早的纪年器物是康熙年制。欧洲的画珐琅器，胎体一般比较轻薄，表面具有较强烈的玻璃光泽，而我国烧制的画珐琅器造型稳重浑厚，没有西方画珐琅那样的强烈玻璃光，与我国瓷器中的粉彩相似。另外，在图案的题材、风格和器物的使用范围，以及珐琅的原料来源成分比例方面，我国画的珐琅均有自己的特点。

锤胎珐琅工艺是按照图案装饰的设计要求，以金属锤打加工技法对金属胎进行加工处理，从而锤出图案的纹样，然后按施各种釉料再烧、磨光、镀金而成。

錾胎珐琅工艺是将金属錾刻技法运用于具体的制作过程中，这种工艺加工出来的器物表面能给人一种似宝石镶嵌的感觉。錾胎珐琅工艺是在金属胎的表面，按图样描绘轮廓线，然后运用金属錾刻技法，在纹样轮廓线以外的空白处进行雕錾减地，从而使纹样轮廓线凸起，再在其下凹处填施各色珐琅釉料，最后经焙烧、磨光、镀金等加工过程最终成器。其实，在中国古代，金属器物的加工就已经在使用金属錾刻这种传统技法了。早在商周时期，当时的工匠们就将这一技艺广泛运用到了青铜器的装饰上，并制作出了图案精美的青铜工艺品。

金属珐琅制品在清朝康、雍、乾三代曾达到鼎盛，后历经晚清国衰、民国战乱，渐趋稀少。北京以掐丝珐琅（景泰蓝）为主，广东以画珐琅为主，南北两地工艺各有特色。

景泰蓝优劣的几种常见鉴赏方法

摸外观、掂分量：

优质的景泰蓝作品表面应该是平滑而细腻的，如果摸起来有凹凸不平的感觉，说明其打磨不过关或本身有杂质。

景泰蓝制品胎体用料十分昂贵，伪造者往往为了节省成本，采用比真品薄很多的铜胎，拿在手里轻飘飘的，无法和精品媲美。由于铜胎变薄了，所以不易制成规整的造型，劣质景泰蓝壁上常会因此而出现凹陷、凸起，或造型不匀称，无法给人以美观、大方之感。

观图案、赏掐丝：

景泰蓝工艺水平精湛，图案绘制精美，花纹间隔均匀，疏密得当，花卉构图讲究章法，鸟兽活灵活现；伪造的景泰蓝图案较粗糙、生硬。

景泰蓝的掐丝应该特别注意观赏，掐丝细密、纹丝华丽、图案清晰、主题分明或仿青铜器纹饰及双勾的缠枝花卉纹等器物的为优质景泰蓝。

察颜色辨釉质：

优质的景泰蓝作品用的主要颜料为名贵的珐琅色料，颜色搭配适当，色调和谐，每种颜色之间有渲染过渡，看起来十分柔和、鲜亮，层次错落有致；而劣质产品因颜色渲染技艺不到位，为了降低成本，往往又用其他低档色料代替，所以颜色之间过渡生硬。

火镀鎏金的色彩各代特征分明。明代器金厚，色泛红；清初器金薄，色泛黄；清末金色泛白；近现代采用电镀工艺，金更薄。

在辨别珐琅釉质特征时，必须考虑到历史的原因。明代器的珐琅釉质厚，色透，砂眼凹坑大且多；清初期的珐琅釉也有砂眼，但比明代有显著的改进，珐琅釉质厚但不透；至清末、民国，珐琅釉很稀薄，而且砂眼几乎消失。

高火瓷器
——脱胎换骨，浴火重生

古人形容瓷器之美，称其"白如玉、明如镜、薄如纸、声如磬"。在汉语中"陶瓷"是一个词组，由此可以看出瓷与陶有着极深的渊源。陶是人类文明的曙光，定居生活的产物，陶是生活的，更是实用的。瓷是我们祖先独有的发明，是农业文明时期先人的高超技术，是人类利用自然材料制造出来的工艺岩石，瓷是智慧的化身，更是美的追求。同时瓷还是农业文明时期最重要的国际贸易商品之一，是先辈们开拓全球洲际文明对话交往的一张精美名片，是中国奉献给全人类的宝贵物质与文化财富。

一个美丽的传说，一场原材料的革命

随着窑业技术的不断提高，先人们开始以瓷土为胎烧制器物。瓷土的烧结程度高，坯体坚硬细密，断面细而有光泽，甚至不吸水，外表再涂上釉，既美观又实用，于是瓷器出现了。瓷器的特征是坯体已完全玻化，对液体和气体都无渗透性，胎薄处半透明，断面光滑，有贝壳的光泽和质感。先民们烧制器物用的瓷土，又

名"高岭土",是陶瓷的主要原料。

高岭土因出产在世界第一窑厂的中国景德镇附近的高岭村而得名，关于高岭土的发现有一个美丽的传说。传说故事里的高岭土是一种烧瓷用的纯净的黏土，主要成分是铝和硅的氧化物。白色或灰白色粉末，熔点很高，约为1750℃。因为我国江西景德镇高岭所产的质量最好，所以叫高岭土。后来由"高岭"的中国音演变为"Kaolin"，成为国际性的名词。纯粹的瓷土是一种白色或灰白色的软质矿物。如果放在显微镜下面来观察，大部分带有白色丝绢状的光泽，银光闪闪，是非常小的结晶。

采用这种瓷土做坯，与以往制作陶器用的易熔黏土相比，铝和硅的氧化物含量高，铁的氧化物的含量则显著降低，因而使瓷坯有可能在较高的温度中烧成，并有较多的莫来石生成，从而提高了坯体的机械强度，减少了瓷器煅烧过程中的变形程度。由于烧成温度高，器物胎壁烧结坚硬，储水不渗，品质已经接近瓷器。

炼灰成釉美化陶瓷

瓷器精美皆因有一种神奇的物质——"釉"的产生。釉是附着于陶瓷坯体表面的一种连续的玻璃质层，或是一种玻璃体与晶体的混合层。从先人凝土成陶到3 000多年前商代带釉器物出现，经历数千年烟火，终于完成了从陶到瓷的蜕变。汉字中的"釉"字，右边的"由"表示其含有油状的光泽，左边的"采"则是表示光彩，非常形象地概括出了釉的质感。釉的偶然发明，实现了人类对于器物外表光洁、质地坚硬、易于清洗、储水不渗的要求。

在新石器时代晚期，先人们在窑里烧制陶器。一次偶然的触碰，窑内壁上光滑透亮的神秘物质吸引了陶工们的目光。后来，陶工们又发现，在风大火猛时，坯体表面有草木灰积聚的地方也有和窑壁上一样的光滑透亮的神秘物质，而且有这种物质的地方水不能渗透。于是，陶工们受到了启发，开始琢磨利用，终于发明了用灰制釉。草木灰是窑场上最容易得到的一种原料，在中国古代陶工们普遍用其制釉并在历史上长期沿用。后来陶瓷业也有一句行话"无灰不成釉"，说的也就是草木灰。

用草木灰制釉，只是制釉的开始。单纯用草木灰制成的釉浆性能不是很稳定，还不能满足人们的需求。先人们开始在此基础上添加普通黏土、石灰石黏土或石灰石，于是就发明了石灰釉。炼灰配釉是后来制作瓷釉非常重要的一个环节。釉的出现，使器物的胎质更加致密，外表光泽柔和，又不易渗水，给人以明亮如镜的感觉，同时也提高了器物的使用强度，抵抗了酸碱的侵蚀，更便于清洗。从无釉到有釉，是陶瓷工艺中的一项质的飞跃，为瓷器的出现奠定了工艺模式的基础。

随着制釉技术发展，人类不断探索更多色釉品种，便诞生了宋元明清各色高温釉和低温釉。釉发明以后还给陶瓷彩绘带来便利。釉下彩、釉上彩是中国发明的彩绘技法，如青花、釉里红、五彩、斗彩、珐琅彩等，各以独特的艺术风格著称于世。而独特的艺术风格的取得，除本身技法外，均与釉色相关。离开釉，这些彩绘便无法实现。可以说，中国瓷器之所以能享誉海内外，釉的发明与使用起了决定性作用。

东汉，原始瓷器到真正瓷器的涅槃

早在中国新石器时代晚期，先人们已经用高岭土在1000℃左右的高温中烧成了胎质纯净、洁白细腻的白陶和印纹硬陶。这两种陶器的出现，说明商代制陶技术已经孕育着产生瓷器的可能性了。商代釉陶胎质薄，硬度高，胎釉结合紧密，吸水率低，烧成温度已经达到1200℃左右。其物理、化学性能与陶器已经有了质的区别。但是又与现代瓷器有一定的差异，因而人们将这一时期的釉陶称之为"原始瓷器"。它的出现为瓷器的发明奠定了基础。

原始瓷器的生产，从商周到战国、秦、西汉时期都不曾中断。原始瓷器的使用在人们的生活中发挥着越来越大的作用。其造型绝大部分是模仿当时流行的青铜礼器造型，有尊、簋、壶、盂、豆、罐、鼎等；另外还有民间使用的碗、盘、盅等生活器皿。装饰纹样有水波纹、云雷纹、方格纹、叶脉纹、席纹、网纹、圆圈纹、曲折纹等。

商周到西汉时期的原始瓷器制作工艺不高，胎中有一定量的铁成分，烧成颜色较深，透光性略差。这一时期的釉是用石灰石与黏土调配，在氧化气氛中烧成，由于含有铁的氧化物，根据含铁量多少，烧成后会呈现青绿、黄绿、灰绿、褐绿等深浅不同的青色。以当时的工艺水平，还去不掉这种青色。从科学角度讲，早期的瓷、青瓷、黑瓷都属于一种瓷，即青瓷。所以，原始瓷器又称为原始青瓷。

在秦和西汉时期，由于战乱后百废待兴，窑工们都在忙着为国家建设铺砖添瓦，当时又厚葬风盛行，大量偶像和日用明器的烧制都对原始青瓷的发展有所影响。原始青瓷的烧制开始减少，水平停滞不前。

直到东汉政权建立，统治者保护工商业，窑业生产也得到了极大的发展。中国成熟的瓷器——青瓷最终在浙江地区出现了。此时的原始青瓷也完成了自己的使命，退出了陶瓷舞台。

东汉青瓷是在1260℃—1300℃的高温下烧制成的。通体施玻璃釉，釉层明显加厚且均匀，釉色淡雅，有较强的光泽，透明性好，胎釉结合紧密牢固，釉层不易剥落。这时的青瓷已经与原始青瓷有了很大的提高，符合瓷器的各项基本条件。这时的青瓷胎质致密坚硬，胎色多为灰白或淡青灰色，瓷化程度较高，敲击声音清脆。青瓷表面的釉依然以铁为主要着色剂，釉色随着含铁量多少而呈现出淡青、青绿或青黄色。

浙江上虞从汉开始已经在利用富含铁、钛、锰等成分的石灰石和紫金土来烧制酱色釉。制瓷工匠们发现了除了铁以外的钛、锰也是很强的着色剂后，黑釉瓷就出现了。

在以浙江地区为典型代表的青瓷窑群宣告中国成熟瓷器时代到来的同时，其他地区的制瓷业也如雨后春笋般绽放。青瓷和黑瓷被广泛烧制。

青似玉，白如雪
——美瓷PK分两派

三国、两晋、南北朝到隋唐五代，我国窑业逐步形成了以越窑青瓷和邢窑白瓷为代表的"南青北白"的窑业格局。越窑青瓷胎质细腻、釉质均匀、浑厚滋润，如冰似玉；邢窑白瓷胎质坚硬、胎釉洁白，有"白如雪"的美誉。

三国、两晋、南北朝时期，北方战乱严重，江南相对稳定，陶瓷业发展迅速，从浙江萧山、上虞直到福建、四川等地形成了一个大的青瓷生产区域。青瓷自东汉晚期出现以后，经三国两晋南北朝，在坯、釉质量上产生了不同程度的提高。由于瓷土等原材料产地不同，瓷器釉色质感也出现较大差异。在青釉中出现了一种称"缥色"的特色釉，也称绿瓷。西晋晚期还出现以褐釉点饰器物，后来发展到以褐彩书写文字装饰，在唐五代时大为兴盛。到唐天宝年间，越州辖区生产的青瓷胎质细密、釉质莹润、色泽纯正、坯釉结合紧密，时人以州命名统称为"越窑瓷"。越窑瓷精美，深受时人喜爱。到晚唐五代时，越窑瓷有一种上品，称"秘色瓷"，瓷器同名字一样神秘，记载多，真品却难见。

相对于南方，北方瓷器生产年代略晚，在北朝时期才开始发展。但难能可贵的是，这一时期出现了一种独特的新品种——白瓷。以邢窑为代表的白瓷始于北朝隋，在唐朝走向成熟，到唐中晚期已形成一个独立的体系，与南方的青瓷一起形成陶瓷业两大主流。白瓷是胎和釉均为白色的瓷器。白瓷器型简洁，朴素少饰，坯体上施纯净的透明釉，经1340℃—1370℃高温烧制而成，瓷化度高，扣之如金石声。

瓷器的整个发展历史，也可以说是一个摆脱黑暗的发展过程。由白而悦目，是瓷器初始时简朴的美学追求。白瓷的出现，是中国陶瓷成为世界霸主的基础，是陶瓷史上一个新的里程碑。因为，后来无论什么瓷的出现，都是和白瓷有关的。

唐代，除了北方的邢窑，江南地区的昌南镇和四川大邑也烧制白瓷，昌南镇就是后来的景德镇。

链　接

陶瓷专业名词

为使艺术陶瓷投资、收藏爱好者能更好地了解、掌握艺术陶瓷的一些基本知识，特将陶瓷专有名词编辑汇总如下：

青花：瓷器釉彩名，白地蓝花瓷器的专称。典型青花器系用钴料在瓷坯上描绘纹饰，然后施透明釉，在高温中一次烧成。蓝花在釉下，因此属釉下彩。

青花瓷的特点是明快、清新、雅致、大方，装饰性强，素为国内外人士所珍爱；并且在世界的制造瓷器的工艺中有着极为重要的地位。

斗彩：是一种以釉下青花、釉里红和釉上多种彩结合而成的品种，创烧于明成化时期，是釉下彩(青花)与釉上彩相结合的一种装饰品种。

斗彩的特点是表现力丰富，静动兼蓄，对比鲜明，既素雅又堂皇。

釉里红:又名釉下红，起源于宋代钧窑的紫红斑釉。它可单独装饰，也可把青、红色料结合使用(此装饰叫青花釉里红)，釉里红呈色稳定敦厚。

中国传统习惯上，常常以红色代表吉祥与富贵，而且釉里红的呈色稳重、敦厚，既壮丽又朴实，这都是深受人们喜悦乐用的因素。烧成后的特点是沉着、热情。

粉彩：也叫"古彩"，是釉上彩的一个品种。所谓釉上彩，就是在烧好的素器釉面上进行彩绘，再入窑经600℃—900℃烘烤而成。我国传统的釉上彩，到了清代康熙年间，官窑匠师在珐琅彩的启发和影响下，引进了铜胎珐琅不透明的白色彩料，在工艺上又借鉴了珐琅彩的多色阶的配制技法，创造出了"粉彩"釉上彩新品种。这种白色彩料，俗称"玻璃白"。由于玻璃白和五彩彩料的融合，使各种彩色产生了"粉化"，获得了一系列不同深浅浓淡的色调，给人粉润柔和之感，故称这种釉上彩为"粉彩"。

从装饰的艺术效果来看，具有秀美、俊雅、持重、朴实而又富丽堂皇的特点。凡传统的中国画中所能表现的一切，无论工笔或写意，用粉彩几乎都能表现。用这种方法画出来的人物、花鸟、山水等，都有明暗、深浅和阴阳向背之分，增加了层次和立体感，从而形成了淡雅、精细、填色和洗染、烧成等工艺步骤。

古彩瓷在历次世界性的博览会上，受到广泛的称赞。是景德镇陶瓷技术的优秀传统之一。

新彩:旧称洋采，出现于清末，是从国外引入的一种陶瓷装饰方法。先用五彩颜料在白瓷表层绘以各式画面或图案，再入彩炉烘烤而成。新彩包括贴花、绘画、刷花、喷花、印花、薄膜移花、描金加彩、套色印金、腐蚀金彩和各色电光彩等。其特色是色彩丰富，装饰多样，毛坯造型秀丽，花纹生动，格调新颖。

综合彩：是采用多种技法相结合的一种新的装饰形式。它是根据作品的要求，动用不同原料(釉上、釉下色料)、不同表现方法(雕刻、绘画、色釉)和不同烧炼工艺(高低温)相结合而达到整体设计效果，使瓷器装饰更为完美。其特点是变化灵活，丰富多彩，各种装饰形式相互衬托，互为补充，争奇斗艳，丰富了陶瓷的艺术语言。

陶瓷之路
——改变了中国与世界的关系

　　唐代，是中国历史上一个很特殊的朝代，其开放程度远非今天所能想象。当时的长安城里外到处都是外国人，有着广泛的中外文化交流。

　　最早从中国流入欧洲的贵重之物里，陶瓷是主项。中世纪的欧洲，贵族家里都有"奇物柜"，专门用来存放些昂贵的稀世珍品，借以显示自己的贵族品位。中国的陶瓷当时就是被欧洲人放在这个奇物柜里的。由于当时的欧洲人从来没见过这么精美坚硬的陶瓷器皿，曾一度对神秘的中国陶瓷产生过很多诡异离奇的猜测。地下长埋的有了魔力的液体、闪着珠光的蚌壳碎末等等，都曾是欧洲人围绕着中国陶瓷而产生的无知猜想。总之，欧洲人认为中国陶瓷是类似宝石的神秘名贵物品，是中世纪欧洲贵族间的流行陈设。

　　在唐代中后期还出现了一条以瓷器贸易为主的"陶瓷之路"（The China Road），是中世纪中外交往的海上大动脉。因瓷器不宜在陆上运输，故择海路，这是第二条"亚欧大陆桥"。在这条商路上还有许多商品在传播，如茶叶、香料、金银器……"陶瓷之路"

的起点在中国的东南沿海，沿东海、南海经印度洋、阿拉伯海到非洲的东海岸或经红海、地中海到埃及等地；或从东南沿海直通日本和朝鲜。在这条商路沿岸洒落的中国瓷片象闪闪明珠，照亮着整个东南亚、非洲大地和阿拉伯世界。

唐代史书记载，唐代与外国的交通有七条路，主要是两条：安西入西域道、广州通海夷道，即"陆上丝绸之路"和"海上陶瓷之路"。唐代商业的繁荣不仅从长安体现出来，在东南的扬州也更是如此。有"雄富甲天下"之美名的扬州，不仅是惹了诗仙李白"烟花三月下扬州"，更是惊了杜牧的"十年一觉扬州梦"。

"陶瓷之路"是日本的三上次男先生在20世纪60年代提出的。是埃及福斯塔特（今开罗）的考古发掘，彻底启开了这位对中国陶瓷有着深深的迷恋的、日本古陶瓷学家的心扉。他认为，在中世纪时代，东西方两个世界之间，连接着一根坚强有力的陶瓷纽带，它同时又是东西方文化交流的桥梁。他的理论在日本和世界陶瓷学界赢得了广泛的赞誉，陶瓷之路的提出，同时也让世人再一次了解和认识了这个与中国同名的"china"。

瓷器作为中国国宝，为中国赢得了"瓷国"的美名。中国瓷器也成了世界性的商品，对人类历史的发展起了积极作用。

宋代名窑名瓷
——汝官哥钧定，名扬四海

  宋代是中国瓷业发展史上的一个繁荣时期。五代十国的分裂局面刚刚结束，宋朝实现了统一。人民生活安定，生产和经济都得到了发展，同时带动了手工业中的陶瓷业的空前繁荣，陶瓷工艺水平达到了炉火纯青的成熟阶段。制瓷工艺不断推陈出新，名瓷名窑遍及全国各地，并逐渐形成了两大瓷窑体系。其中，一个是官窑系统，就是我们常说的宋代五大名窑；还有一个是民窑系统，分八大窑系。

  举世闻名的"汝、官、哥、钧、定"就是宋代五大官窑。汝窑为魁，所出瓷器釉汁莹润如脂；官窑瓷系是宫廷特贡，精益求精是不懈的追求；哥窑瓷系裂纹满身，有着实足的缺陷美；钧窑瓷系青中带红、灿如晚霞；定窑瓷系因产白瓷而驰名，印花器构图工整。

  如是说官窑瓷系是宋代注重精神至上的官方美学写照，那么以刻花青瓷著名的耀州窑系、以翠绿梅子青为极致的龙泉窑、创新油滴、兔毫、玳瑁等黑釉品种的建窑、工艺精细釉色青绿的越窑、烧造独具特色青白瓷的景德镇窑等民窑，无疑是取悦于大众的世俗民间审美。表达直接、强调纹饰，更注重与现实相结合。宋代官窑和民窑两种不同的审美，共同丰富了宋代的陶瓷美学。

雨过天青，青瓷巅峰是汝瓷

汝窑又称"汝官窑"，是北宋后期的御用贡瓷。汝窑一向被列为宋代五大名窑之魁。汝窑在历史上的烧造时间很短，从哲宗到徽宗只二十年左右，传世品极其罕见。

汝窑瓷器淡青高雅，造型讲究，不以纹饰为重，崇尚自然含蓄、淡泊质朴。

汝窑是宋徽宗在位期间烧造的瓷器，汝窑的天青色就是宋徽宗的美学追求。宋徽宗笃信道教，自称是"教主道君皇帝"。而道教主张"清极遁世""静为依归"，要的是一种很清静的感觉。于是道教的青色追求，就成了宋徽宗的审美，也为汝瓷的色调在时空中以淡如烟雨的青色定了格。

汝窑瓷器釉质莹润，光泽内含。釉面乳浊，有细微开片，俗称"蟹爪纹"。釉层中的气泡排列疏朗错落，有寥若晨星之说。

清代学者形容汝窑"色卵白，汁水莹厚如堆脂，然汁中棕眼隐若蟹爪，底有芝麻花细小挣针。"其所说的色卵白，是指汝窑的胎色，卵白有如浅浅的香灰。汝窑的胎和底一样都很薄。另外，汝窑是裹足烧，芝麻钉，在烧好后，底部釉面会有如针扎的小点。这里说的"裹足烧"是一个专业术语，指瓷器足部上满釉，釉要裹过来。"芝麻钉"是指将瓷器的足部用很小的支钉支起来，在空中烧制。

青少年应知的收藏知识

汝窑器物主要有瓶、碗、碟、三足盘、洗、盂、香炉、花觚等。釉色有天蓝、月白、天青、豆青、粉青、卵白等，但不脱天青这个基本色调。

薄胎厚釉，醉人的玉质官窑

官窑瓷系产品为宫廷特贡，在陶瓷历史上的"官窑"也特指两宋时期的官窑。官窑和汝窑一样，做工细腻，以釉色为美。没有纹饰，立器只有弦纹或边棱。

官窑瓷器采用瓷石和紫金土的二元配方做坯，胎中氧化铁含量较高，故胎色较深，多呈深灰、灰褐、灰黄等色。官窑瓷器胎有薄厚之分，胎质细腻。北宋官窑瓷胎和釉都纤薄如纸，做工精细，存世珍品凤毛麟角。南宋官窑瓷器胎薄釉厚，釉面晶莹润泽，色美如玉，釉层中有"聚沫攒珠"现象。釉厚的瓷片从断面可以看出施釉痕迹，一层一层很清晰。器口边缘由于釉汁下流，釉层稀薄，透出深色胎骨，微泛紫色；底足露胎部分则呈赤铁色，因此也称"紫口铁足"，是鉴定官窑的重要依据。

官窑器型较少，多仿古青铜器造型，如长颈瓶、贯耳瓶、兽耳炉等。釉色有粉青、天青、灰青等，开比较细碎的纹片。

哥窑，谜一样的隐纹碎器

哥窑瓷系裂纹满身，有着实足的缺陷美。据说哥窑每逢新瓷出窑，都能听到细碎的釉面炸裂声，而且会一直持续一到两年的时间。就这点神秘的与众不同，曾激发了后人无限的想象，演绎了数不清的传奇故事。

传说古代龙泉曾有章氏兄弟二人都子继父业，哥与弟各持一窑，在当地技艺都很了得。哥哥的技术略高一筹，弟弟很是嫉妒。于是有一天弟弟趁黑偷偷在哥哥配好的釉料中加了许多草木灰。哥哥并不知情，烧好开窑一看，瓷釉表面全是裂纹，而且裂得很有趣味，有的像冰裂纹，有的像蟹爪纹。更没想到的是，拿到市场上按瑕疵品处理时，居然深得人们喜爱，被一抢而空。弟弟不仅没有破坏哥哥的生意，反倒让哥窑因创造了这个青瓷新品而名闻天下。

哥窑瓷胎体坚密，呈深灰色、或土黄色。釉色较多，有粉青、翠青、油灰、米黄等，其中油灰最常见。哥窑瓷最主要特点是釉面温润似玉，器表有一层不很亮的酥油光，并伴有开片，开片大小不一，纹路颜色深浅不一，器型的不同收缩部位也不一，变化万千又自然贴切，人称"百圾碎"。最有特色的是较粗的裂纹呈现黑色，较细的裂纹呈现黄色，前后层次落错有秩，人们习惯称其为"金丝铁线"。

钧瓷无对，窑变无双

钧红釉瓷器，釉色青中带红，灿如红霞，极为珍贵。史有"钧窑一枚，价值万金""纵有家财万贯，不如钧瓷一件"的说法。钧窑窑址分布以河南禹县为中心，遍及县内各地一百多处。禹县古属钧州，其窑口因此称为"钧窑"。钧窑始于唐，兴于宋，金、元时续烧，明代衰退。

以铜为着色剂，在高温下一次呈现红色，是钧窑对中国乃至全世界陶瓷史的巨大贡献。早期钧瓷胎呈淡灰色，釉面则多为天青色。宋代官钧多在天青色的釉面上出现梦幻般的"窑变"，颜色斑斓诡异，以色红如胭脂为佳，青如葱绿、深紫如黑都次之。

所谓"入窑一色，出窑万彩"的窑变是钧瓷的一大特点，是由于釉色相互交融而产生的无数颜色不一，形状各异的天然变化。因为窑变不为人工所控制，所以难以仿制。

钧窑器物多施满釉，釉质肥厚，呈"乳浊现象"，釉面下常出现不规则流动状的纹线，被称为"蚯蚓走泥纹"。钧窑到元代以后，虽继续烧造但质量较粗糙，釉面很厚，常有滞留气泡造成的无釉凹痕，俗称"棕眼"、"橘皮"。

宋代钧窑器型三要有各式花盆、折沿盘、炉、尊、洗、莲瓣纹碗、执壶、杯等，釉色千变万化，有天蓝、天青、蓝灰、灰绿、葱绿、墨绿、月白、大红、茄皮紫、玫瑰紫、丁香紫等多种。

定窑独白，芒口金边

定窑窑址分布于今河北曲阳县一带，唐属定州，故名定窑。定窑创烧于唐代早期，瓷器多为白釉，也有少量的黑釉、酱釉、褐釉和绿釉等品种。定窑瓷系在邢窑衰落的幕色中发展，在五大名窑中，是唯一一个以产白瓷而驰名的官窑。

唐代定窑白釉偏青，宋代定窑白釉颜色微微偏黄。北宋中期，定窑以烧煤替代烧柴瓷，火强焰短，窑内外空气流通不好，产生窑内氧化作用，导致定窑瓷器釉色白中微微泛黄。但这微妙的一点色味变化，深得西方人喜爱，曾被欧洲人惊叹为"东方女神的美丽肌肤"。

定窑瓷器在唐代邢窑基础上发展创新，到了宋朝在装饰上有了突破性进展——开始注重纹饰之美，出现了刻花、划花、印花、剔花及浮雕等多种工艺。定窑印花题材以花卉纹最常见，其次是动物纹饰。最精美的纹饰大都集中在盘碟上，纹饰多者可达四层。纹饰构图工整，讲求对称。

另外在烧造技术上，定窑也有所提高。由于北宋时社会对白瓷的需求不断增加，定窑的窑工们发明了口沿不施釉的"覆烧法"。就是将器皿扣过来，用垫圈覆盖层层套叠成一柱。这样和传统的仰烧法相比，同样的高度空间，原本可以烧20件，这样就可以烧96件了。这样一来充分利用了窑炉空间，大大提高了产量，也降低了成本。但是这样覆烧的瓷器会因为口沿不施釉而出现不光滑的"芒口"，使用起来不方便，所以还必须要镶上金、银或锡口。

工艺的先进，使得定窑产品繁多。唐代器型以碗为主，宋代以碗、盘、罐、瓶、碟、盂、盒、枕、灯为多。

浓墨重彩话青花
——当景德镇读懂了金属元素

在 2008 年春节联欢晚会上，偶像歌星周杰伦的一曲优雅而深情的《青花瓷》不知沉醉了多少人。随后，含羞带怯的青花瓷亦如歌中的江南美女一样，引来了更多的注目。中国的陶瓷艺术历史悠久，文化灿烂，这是世界各族人民公认的。而中国景德镇的创举——青花，自延生之时起就已经以强大的生命力成了中国瓷器装饰的霸主，700 年来地位从未被任何装饰形式所撼动，对今天乃至以后的中国，都依然有着深远影响。从某种意义上讲，青花瓷器就代表了中国瓷器。大部分西方人都是通过青花瓷器开始了解中国瓷器，乃至了解中国文化的。

景德镇自开始烧制瓷器，至今已有两千多年历史。自北宋景德元年至清代，景德镇更是为宫廷烧制瓷器达九百余年。"莹莹白玉瓷，漫漫瓷都路"，景德镇烧造的瓷器以"白如玉，明如镜，薄如纸，声如磬"的独特风格和精良品质而驰名世界、享誉九州，为其赢得了"瓷都"的美名。青花、玲珑、粉彩、色釉，合称景德镇四大传统名瓷。其中青花瓷是景德镇传统名瓷中影响最大的品种，是景德镇的骄傲，它在景德镇乃至世界的陶瓷史上都闪烁着夺目的光辉。

瓷器的霸主——青花瓷具体点说，有元青花、明早期青花、明中期青花、明晚期青花、过渡期及清早期青花、清中期青花、清中晚期及民国青花。青花的发展脉络，实际上就是景德镇的发展脉络。青花装饰工艺在历史上有三次高峰，分别在元朝、明永宣、清康熙。在三次高峰中，青花瓷器的表现形式多样，艺术风格各有千秋。

敢于思变的景德镇，独创镇窑

明代文人王世懋描述景德镇："为天窑器所聚，其民繁富，甲于一省……火光烛天。夜，令人不能寝"。景德镇窑在那时的繁盛局面在字里行间便已跃入眼帘。那么，景德镇何时开始成窑，何时开始与中国陶瓷史搭上关系，又是什么原因能使其千余年兴盛不衰从而最终走上瓷都之路的呢？

景德镇的制瓷历史悠久。有史籍记载，"新平冶陶，始于汉世"。东汉，景德镇属豫章郡鄱阳县。在东晋时期，陶侃率领官军在昌江以南地区擒获江东匪寇，在这一地区设立新平镇，属鄱阳县管辖。可见，早在汉代景德镇烧制陶瓷的历史就已经开始了。唐武德年间，高祖李渊正式设立新平县。镇为县属，因原新平镇位于昌江之南，于是就将新平镇改称为昌南镇。宋真宗景德年间，因昌南镇产青白瓷质地优良，遂以皇帝年号为名改称景德镇，并沿用至今。

景德镇的自然资源得天独厚，城镇坐落在群山之中，有广袤的森林植被，昌江水由北至南穿城流过。群山中矿产丰富，特别是瓷石、高岭土和煤炭蕴藏最具特色。其中，高岭土洁白、细腻、耐火度高，是陶瓷工业最重要的原材料。景德镇产的高岭土品质非常好，用它生产出来的景德镇瓷器，曾经代表着中国陶瓷制品的高端水平和上等品质，影响着中国甚至世界。现在国际上通用的高岭土学名——Kaolin，就是来源于景德镇北部山区鹅湖镇高岭村边的高岭山。境内群山覆盖着茂密的森林，为古代以柴烧制瓷器提供了大量的燃料资源，同时也为窑房修筑，大量制瓷器具提供了木材保证。在景德镇辖区内以昌江为主流有五十多条大小河流，水质、水量都符合制瓷要求。水资源丰富，动力资源也就充足了。同时水路通畅，运输瓷器原料、燃料和成品都很方便，又安全经济。

中国各大名窑随着生产规模的发展壮大，窑炉的形状规模也在随之扩大。可是景德镇的窑工们独辟蹊径，随着产量递增，窑炉长度在不断缩小，只在竖向增高。这种窑炉的形状变化提高了烧成率，降低了成本，但是据说当时窑工们的最大目的是为了合理避税。因为当时对窑业征税的方式很特别，是按窑炉长短来征取，但没有窑炉高低的限制。景德镇的窑炉形状从葫芦形发展到鸭蛋形。鸭蛋形窑前顶升高，竖向空间扩大，构造更趋合理，降低了烧成的废品率。自从产生以后，就被定型为"镇窑"，成为景德镇的主要窑炉型制。

景德镇的天然资源优质瓷土并不是取之不尽用之不竭的，这点老一辈窑工们早有意识。他们努力钻研，充分利用中下层瓷土，改良烧制技法、提高质量，为降低成本不懈努力着。到了元代，制瓷工艺有了重大改进，从原有的瓷石一元配方改为瓷石加高岭土的二元配方，增加了瓷胎中氧化铝的含量，提高了瓷器的烧成温度，开创了中国硬质瓷器生产的新纪元，为制造大型陶瓷器物创造了条件。努力烧制高品质的瓷器，是历代景德镇窑工们的一贯追求，最终在明代时其质量技术都达到了顶峰，开始独步天下。

创烧青白瓷，得年号景德为名

相传晋代有个叫赵慨的制瓷名匠，曾官至五品，后退隐于新平镇，新平镇就是后来的景德镇。他把其熟知的越窑青瓷技术应用于新平镇瓷业，为新平镇地区的瓷业发展做出了巨大贡献。因而赵慨被后世的景德镇工匠尊为"师主"，历朝历代立庙祭祀。

11世纪末12世纪初，战争频发，北方名窑相继衰落。宋室南迁，政治经济重心向南转移，制瓷技艺开始随之向景德镇集中。景德镇集南北名窑技艺之大成，工艺水平有了突破性进展，生产规模也越来越大。当时景德镇有窑三百多座，"村村陶埏，处处窑火"，盛况空前。宋代景德镇独创青白瓷，"色白花青，光致茂美"。

青白瓷也叫影青瓷或隐青瓷，指的是釉色介于青白两色之间，青中泛白，白中透青的一种瓷器。青白瓷釉面光亮、基本色为白色，因而称其"色白"；器表花纹透明而略显浮起，花纹四周呈浅淡青绿色，所以说"花青"。宋代青白瓷由景德镇窑及受其影响的窑场烧成，是具有独特风格和鲜明时代特征的新品种，当时的影响极大，"著行于海内"。不仅远远超过了越窑，使釉质达到如玉的要求，而且具备了与玉器无别的质地，时人美称"饶玉"。

宋代景德镇青白瓷传世最多的是盘、碗、碟、盒及魂瓶等，尤其是魂瓶，江南地区宋墓几乎都有出土。

景德镇在宋代因创烧青白瓷器而独树一帜，并因制瓷出名而得以用皇帝宋真宗的"景德"年号为镇名，由此开始成为全国的制瓷中心，被冠以"瓷都"的美誉。据说宋真宗赵恒非常喜欢景德镇的瓷器，他派人到景德镇，要这里为皇家制造御用瓷器，底书"建年景德"字样。为了加强对景德镇的管理，政府在这里设立专门官吏，对瓷器实行征税、管制等政策。朝廷需要瓷器，就随时"遣官制瓷"，坐镇督促烧造。

一缕飘散的青花美，是物化了的诗意

自元代开始至明清历代皇帝都曾经派员到景德镇监制宫廷用瓷，设瓷局、置御窑，陶瓷工业非常发达。在元代中晚期，景德镇除继续烧造青白瓷、白瓷和黑瓷外，还又创烧出卵白釉、青花、釉里红、铜红釉和钴蓝釉等高温色釉瓷以及孔雀绿釉等低温色釉瓷。

在青花装饰产生之前，中国陶瓷装饰大部分是以刻、划、印等装饰为主流。青花瓷的发明，使陶瓷艺术家不再单一地追求"如冰似玉"的效果，而是以独具特色的装饰纹样向彩绘瓷的领域进军与发展。青花、釉里红的烧造成功，使得中国画的笔墨技巧与制瓷工艺的结合更趋成熟，与高温卵白釉、铜红釉、钴蓝釉并举，使过去的素瓷黯然失色。青花开创了中国制瓷装饰工艺的新

124

纪元，震惊了整个世界。

　　青花，是一个非常具有文学色彩的名字，非常有诗意，也非常浪漫。传说，青花瓷中最难烧制的釉色是天青色。只有在雨过天晴时才能烧出真正的天青色的瓷器。天青色，是无法自己出现的，它必须耐心地等待一场不知何时会降临的雨，才能够在积云散去的朗朗晴空以天青的颜色出现。日复一日烧制着瓷器的人，要等多久才能在釉色成形的时候遇上雨过天晴呢？天青色是最美丽的颜色，"天青过雨"是青花瓷上品中的上品，存世极少。在《青花瓷》那首歌里就有一句款款深情的词"天青色等烟雨，而我在等你"，想必就是在这里找到了灵感吧！

　　青花的科学名字应该叫"釉下蓝"，或者叫"釉里蓝"。青花瓷由唐代褐彩和唐三彩衍变发展而来，又称白地青花瓷器。它是指一种在瓷胎上用含氧化钴的钴矿为原料着色、描绘纹饰，然后再罩上一层透明釉，经1300℃左右的高温还原焰一次烧成的釉下彩瓷器。钴料烧成后呈蓝色，具有着色力强、发色鲜艳、烧成率高、呈色稳定的特点。青花瓷的发明是景德镇陶瓷前辈们智慧的结晶，是标志着中国陶瓷已有素瓷向彩绘瓷过渡的里程碑。

浓墨重彩，开创一代未有之奇

　　从元代景德镇的湖田窑成功地烧制出青花瓷器开始，青花瓷便成了我国陶瓷装饰的一大主要装饰形式。特别是到了明代瓷器便成为青花的世界。青花瓷器的大量烧制，标志着我国由素瓷转为彩瓷的新时代的到来。郑和下西洋，青花成为中国陶瓷出口外销的主流、畅销世界各地，拉动了景德镇陶瓷经济的空前繁荣。清朝，唐英督陶著书，对景德镇瓷业作了科学的总结和记载。景德镇之所以闻名于世界正是因为那千年盛烧不衰、永开不败的青花艺术。青花瓷庄重、典雅、明快，彰显出独特的东方文化艺术风格和强烈的民族色彩与装饰风貌。

元青花瓷器的造型大器粗壮，小器玲珑。盘、碗、罐、壶的器型都很丰富，每种器型亦有数种变化。元初青花瓷釉面呈色青白，有透明玻璃质感。元末青花瓷釉面呈色较混浊，呈色乳白。早中期青花呈色蓝中暗灰，中晚期青花烧造技术完全成熟，青花发色浓艳，蓝色深沉与鲜艳均有。纹饰绘画清晰优美，釉色透明白中泛青，光润透亮。这时的青花瓷使用的钴料有进口的苏麻离青和国产的青料两种。

经过元代的过渡，到了明代，景德镇成为全国制瓷业的中心，它生产的瓷器几乎占据了全国的主要市场，虽然仍有些地区在制作特定类型的陶瓷器，但在质和最上都无法超越景德镇的瓷器制品。因此景德镇瓷器代表了明代陶瓷工艺的最高水平。明朝经济繁荣，景德镇瓷业是民窑兴旺，官窑精益求精、大力创新，新品不断涌现。继元代青花、釉里红等釉下彩绘瓷器创烧成功之后，明代又有斗彩、五彩、素三彩、黄地红彩、白地绿彩等大量釉上彩绘瓷器创烧成功，中国陶瓷也真正由此进入以彩绘瓷器为主的新时代。此外，除了传统青釉、白釉瓷器以外，在明代，红釉、蓝釉、甜白釉、黄釉、酱釉、绿釉等各种高低温色釉均能成功烧制，它标志着景德镇的陶瓷工匠们已经完全掌握了各种金属元素的呈色技艺。明代景德镇陶瓷工艺的发展进步与艺术风格的多样化，在中国陶瓷史上写下了浓墨重彩的一笔。

古玩行业一提到清朝就是康雍乾清三代，瓷器也不例外。由于清代前期康熙、雍正、乾隆三朝帝王亲自过问瓷器的制作，景德镇的民窑产量巨大，官窑更是集中了最好的能工巧匠，烧瓷不计成本、刻意求精。清前期三朝的官窑瓷器不仅集历代名窑名品工艺技术之大成，并且多有创新和发展。从宋元以来的各种瓷器名品，都得到了重新恢复、仿制和发展，而且此时还创烧了中国古瓷的绝品——粉彩、珐琅彩等彩瓷佳作。中国古陶瓷的发展历史，也由此达到了几千年来的历史顶峰。嘉庆以后，国势渐衰，景德镇制瓷业也随之从巅峰走向下坡路。不过，虽然此后的制瓷工艺的水平和艺术风貌都与前代相距甚远，但景德镇官窑和民窑的瓷器生产从未中断。

1902年，江西瓷业公司在景德镇成立，景德镇瓷业生产进入企业化时代。清末民国以来，一批改革者和陶瓷艺术家们为中国瓷业振兴倾注了大量的心血，景德镇的粉彩艺术被推向一个新的高峰。近年来，晚清和民国创烧的浅绛彩瓷和新粉彩瓷等瓷器新品，因其特色鲜明、投资少，风险小，行情又看好，开始引起藏家的关注，日益受到市场青睐。

千年古玉
——厚德载物，执玉帛者万国

　　玉在中国，自旧石器晚期至今，历时万余年，见证了中国文化的发展历程。"玉，石之美者"。石是物质层面的，温润而有光泽；美是精神层面的，玉曾为国之重器，又以仁、义、礼、智、勇、信和洁等君子之德成就了中国人的道德血脉。在中国人眼中的玉是与众不同的，从某种意义上说，读懂了中国玉文化，就读懂了中国。

玉是一种人格象征

　　中国古代的制玉艺术，本身也是神奇得不可思议的。制玉不叫雕玉，而称治玉，或是琢玉、碾玉、碾琢玉。一个制一个雕，虽然只是两个字的变幻，中间却不知饱含了多少温情。事实上，巧夺天工的玉器，也的确不能算是雕刻出来的。制玉需要利用硬度高于玉的金刚砂、石英、柘榴石等"解玉砂"，辅以水来研磨玉石，琢制成所设计的成品。琢玉的技巧是高超的，而治玉工具却是简陋的。直到近代，这种传统工具，中国人一直还在使用。在

128

铁器发明之前的新石器时代和青铜时代，大部分工具甚至只是以木竹器、骨器和砂岩配制而成。简陋原始的工具，能琢磨出如此精彩的玉器，实在是人间奇迹。

早在新石器时代就已经有了不同的玉器形制种类，线刻和浅浮雕表现技法，均衡对称、严谨协调的造型，种种迹象都在展现着艺术上的成熟和老练。无论是深沉的大型玉器还是灵动的小件佩饰，先人们都能在对玉材深刻理解的基础上，用巧妙的智慧将其研磨切磋、完美阐述。这份朴拙坚实与灵动秀美的幻化，难道不正是美学上矛盾冲突中的巧妙融合？

玉之温润一致、气韵内含的特性，和中华民族内敛、温和、中庸的民族性格有着不谋而合的默契。玉作为中国人心中的神物，伴随着中华文明几千年，承载了中华文明的整个历史进程，蕴含了整个民族的思想和精神。玉文化作为中国的一种根深蒂固的特色文化，给文人墨客们注入了无限的灵感，在中国的几千年文明史中有着无法估量的深远影响。

神话传说中就有"黄帝以玉为兵"、"灵巫以玉事神"的说法，那时的玉石是通灵的，是沟通人与神的法物。商周之际，玉器唯有诸侯才能赏玩。周代大型雕玉与当时的青铜器中的钟鼎摆放在一起，同有无比尊贵的地位，都是诸侯分封必不可少的东西，是政治权威的象征。周朝当时还设有专门的典玉官负责保管和收藏玉器，只在有重要的国家大事时才作为国之重器拿出来陈列。

晚周春秋以来，社会发展到了以伦理道德为规范准则的人治社会，有了代表新兴阶级的知识分子群体开始用玉装饰身体。君子佩玉，当然不能是常人的简单装饰，人的精神世界和自我修养才是君子的高度所在，即德之所在。君子之物，必然要比平常人的要多些灵性，多赋予些情感，才会给君子们增添些把玩的品味和雅兴。坚韧的质地、晶润的光泽、绚丽的色彩、致密而透明的组织、舒扬致远的声音，这几种美玉自身独特的品性正好可以与君子的高尚品格相互映。温润的美玉最是能吸宇宙中的灵气，被君子佩带着自然也就少不了被君子的修养和德行浸染了、滋润了。品质出众的美玉，自然而然地也就被儒家学者们上升为与君子的品德相称的、高尚的人格道德的象征。因此也具有了体现人的身份、风度，表现人的性格、品位的作用。

在中国的玉文化中，将玉的美丽比喻为人的美德，将玉的形象人格化，就是我们常说的"玉德"。对玉德的阐述最具有代表性的人物当数孔子和许慎。孔子对玉德的论述在思想界、学术界广为流传。孔子说："非为珉之多故贱之也，玉之寡者故贵之也。夫昔者君子比德于玉焉：温润而泽，仁也；缜密以栗，知也；廉而不刿，义也；垂之如坠，礼也；叩之其声清越以长，其终诎然，乐也；……"孔子将玉的品德细分为仁、智、义、礼、乐、忠、信、天、地、德、道11个方面。许慎在自己所著的《说文解字》中说玉有仁、义、智、勇、洁五德，既指玉，又指人，实际上是以玉喻人，一语双关。在汉武帝建立起完整意义的封建社会以后，开始独尊儒术，玉德观念开始越发精炼深入。

"古之君子必佩玉"，环佩叮当最初可能根本不是在形容女子婀娜碎步。因为古时是先有男子佩玉，后有女子以玉装饰。国人的玉德观根深蒂固，那时社会也在要求君子们时刻以玉的品格和性情要求自己，规范自己的道德，甚至用所佩美玉的叮当碰撞之声来判断人的行为动作急缓是否适度。

从两晋到宋元以后，玉器走向商品化、鉴赏化，玉器开始为多数人共同享有。于是玉又被人们又赋予了庶民对生活的美好向往和追求，开始喻意美好、坚贞、平安、吉祥、如意。当然，无论身居何处，从来美玉都是尊贵无瑕、坚贞不朽的。

玉有软硬，
天生就带着神秘色彩

　　昆仑之巅，九天之路。穆天子会西王母，一个美丽的追玉传说，几千年不知纠缠了多少国人的文学梦想和艺术情感。

　　中国人的先祖发明并开始使用玉石，早在近万年以前的旧石器时代晚期。上古时的人们在制作和使用石制工具时发现了玉——这种不同寻常的石头。因为它比一般的石头更坚硬，于是人们就用它做工具来加工别的石制品。又因为它晶莹剔透，有与众不同的色泽和光彩，很是惹人喜爱，于是人们就喜欢用它来装饰自己。在长期的生活实践中人们逐渐认识到了这种不寻常的美石的性格和品质，就开始把它从"石"中分列出来，单独称其为"玉"了。

　　由于玉石坚硬，在生产工具落后的上古时期加工起来很困难，只能用间接磨制的方法来雕琢成形。加之玉石本身的产量就很少，能磨成的装饰成品就更是少之又少了。所以，只有当时族里的最受尊重的少数头面人物才能有资格佩带这种耗费人工的"奢侈品"。玉石就和它的身世和性格一样，从一开始就与众不同，就在象征着尊贵、地位、权力和财富。循着这最初的认识，先民们开始有意识地打造美玉、装饰自己、美化生活，中国玉文化的大幕正徐徐拉起。

玉是如此神奇，惹人万年怜爱不减，无怨无悔地追崇着。它究竟是什么样的一种尤物呢？在1863年，有一个好奇心很重的法国人，名叫德莫尔。他根据传到欧洲的中国玉器，很认真地做了一系列的物理化学实验。他的实验结果显示，玉材有两种：一种是角闪石，一种是辉石。

角闪石也叫软玉，主要成分是硅酸钙和纤维矿物。软玉的色泽接近于油脂的凝脂美，纯者色白，俗称羊脂玉，细腻温润，非常名贵。又因角闪石含有少量氧化金属离子，所以有时会呈现黄、绿、青、黑等色或杂色。为什么叫软玉？这个名字的来源很有趣。"软玉"是英文Nephrite的中译，这一英文名称源于希腊语，有"肾脏"的意思。因为古代欧洲人认为这种玉石佩挂腰间可以治愈肾病。看来文化总是同源的，欧洲人和中国人对玉的保健功能在古代就早有认同。

辉石也叫硬玉，翠绿色的质地上乘，在中国雅称翡翠。主要成分以硅酸钠和硅酸铝为主，有隐约的水晶状结构，质地坚硬，密度较高，具有玻璃的光泽，清澈晶莹。辉石类的典型色泽有翠绿、苹果绿、雪花白和娇嫩的淡紫色。翡翠在中国被工匠们大量采用还是18世纪才有的事。清代初年吴三桂进入并控制了云南和缅甸北部盛产翡翠的矿区，国人才正式认识翡翠并迅速流行的。

中国能有"玉石之国"的美称，就同发现和使用软玉的悠久历史有关。前面中国传说中的昆仑神山北麓和田玉，就属于软玉的一种。中国古代的玉器绝大部分都是软玉制品，以新疆和田玉品质最优、价格最为昂贵。和田玉石含有蛇纹石、石墨和磁铁等矿物质，形成白、青绿、黄和黑等不同色泽。多数为单色，少有杂质。玉质为半透明，抛光后呈现油脂状光泽。

中国是世界上的几大产玉大国之一，开采历史悠久，玉矿蕴量丰富，分布地域极广。除了历代帝王权贵都爱的和田玉以外，甘肃酒泉玉、陕西蓝田玉、河南独山玉、辽宁岫岩玉等都是中国玉器的常用原料。早在距今四五千年前的新石器时代中晚期，中国玉文化的曙光就已经遍地闪耀了。当时琢玉已经作为一个行业从制石中分离出来。太湖流域良渚文化、辽河流域红山文化出土的玉器都已经非常引人注目。良渚玉器体大深沉，构图对称、均衡严谨，线刻技艺高超到让后世都望尘莫及。红山玉器讲求巧妙运用材料，寥寥数刀，器物已然神似，令人品玩不够。

出土的新石器时代的玉器就有玉龙、玉兽、玉珠链、玉琮、玉璧、玉越、玉箍形器等等很多种类，由此可以看出，这个从一开始就带着神秘色彩的，温润如凝脂般的美石，在那时就已经不只是单纯的装饰品了。玉石象征着尊贵、财富、权力和图腾，已经有了祭祀、陪葬和驱邪等多种功用。

黄金有价玉无价
——玉是古人最厚重的见面礼

今人常用玉佩饰物作为礼品或信物馈赠友人，表达自己的感情或良好祝愿。其实古人的人际交往也常使用玉器，最早在夏代就已经开始了。天子会见诸侯时，王公诸侯或是使者手里都要拿些见面礼的，这是古代非常重要的礼仪。

历史上有记载，"禹合诸侯于涂山，执玉帛者万国"。说的就是夏禹王曾在涂山会合诸侯，当时的会议规格很高，来参加会议的部落首领阵容相当庞大，而且各国诸侯都手持玉帛等贵重礼物来朝拜大禹。

周朝，诸侯朝见天子，或者卿大夫奉命作为使者去会见邻国的国君，都要带些贵重物品作为初次见面的礼物，那时候叫做"贽"。作为见面的礼物大致有三等——玉、帛和禽。诸侯国间国事交往都是执贽以见，都采用以璧为贽。荀子说"问士以璧"，士指国事，说的是使者用璧，向对方表达敬意和问候。高级贵族间往来，都以玉为贽。高级贵族又分五等爵，等级不同，手里拿的玉也是有差异的。爵位低的手里拿的是饰有谷粒和蒲纹的玉璧，等级再低的则依次拿帛和禽当礼物。

古代玉器的使用，到了周朝，已经建立了一套较规范的礼玉制度。并给不同形制的玉以一定的含义，以表达特殊的信息和作用。《荀子》中根据玉的不同形制对其功用做了概括："问士以璧，召人以瑗，绝人以玦，反绝以环。"

璧是圆形的瑞玉，中心有一圆孔。边与孔径的最理想比例是二比一。璧的用途最广最复杂，常出现在重要的国事礼仪馈赠中，但在不同时期，不同场合，璧还可以传递不同的信息。关于璧的历史故事就有很多。

瑗和环与璧相似，由中心圆孔大小来区分。孔大为瑗，孔小为璧，孔与沿相等为环。瑗有时套在臂上做手镯用。"环"因音同"还"，古人把其视为信物。玦为半环形有缺口的玉，古代用以赠人表示决绝。

古时，被流放到边境的有罪臣子，三年之后，如果接到天子送来的信物为玉环，便知道是君臣关系重归于好，将被重新召回，官复原职。相反，如果收到的不是环而是玦则表明返回无望了。

黄金有价玉无价

玉属于不可再生资源，玉石会随着不断地开采而越来越少。目前市场上现有的玉器无形中已经成了"无价之宝"。

今人舍得用千万元购买三代时遗留下来的古玉残片，绝对是事出有因的。在周代礼制中，祭祀都用玉器，宴飨只用铜器。可以看出当时的玉比铜更重要。中国古人重视玉的程度和玉器使用广泛的程度没有二样器物能与其相比，从国事礼仪到权贵及平民生活几乎是遍及各个角落。于是那时选料严格、制作玉器的精湛技艺，都达到了前所未有的高度。

中国古代玉器，以周、汉、宋、清四朝的器物最为精美，虽然花纹式样各有特色，若论精巧，实在是不相上下。夏商周三代，尤其是周代，玉是国之礼仪重器，制作精良自不必说。汉代玉器风格特色遵循三代，字、纹饰刻画清朗、笔画细如毫发。雕玉技术"汉八刀"在玉雕史上有崇高的地位。宋朝建立在社会动荡之后，统治者崇文抑武，虽国力不强但文化艺术却很发达。宋徽宗好玉，举国效仿。当时的实用器以玉杯、盘较多，纹饰以龙凤呈祥等传统纹饰为主。明代制玉是流行的职业，工匠多器物自然更可观。清朝康乾盛世，尊古仿古风盛行，而且乾隆好玉胜过宋徽宗，为寻良玉不惜一切。另外明清时期出现了三层透雕法，纹饰雕琢精细玲珑，内容上多了吉祥寓意的字样，将玉雕制作工艺推向顶峰。

美石礼器
——玉璋与男尊女卑

中国文化源远流长，可能不经意的传统事项的背后，都曾有着极深厚的文化底蕴。每逢亲朋好友家喜获龙凤，增丁添口时，文人墨客们都惯于在笔下或言谈中用上"弄璋之喜"或是"弄瓦之喜"，以显几分风雅。弄璋用于生男，弄瓦用于生女。殊不知，这弄璋与弄瓦早在2000多年以前的周代，就已经被作为生男与生女的代称了。

玉制礼器与男女尊卑

《诗经·小雅·斯干》中有一首祝贺贵族兴修宫室的颂诗，诗中提到生男生女的情节有两段如下：

"乃生男子，载寝之床，载衣之裳，载弄之璋。其泣喤喤，朱芾斯皇，室家君王。

乃生女子，载寝之地，载衣之裼，载弄之瓦，无非无仪，唯酒食是议，无父母诒罹。"

前一段是说，盖好了这栋新的宫室，如果生养个男孩儿，一定要让他睡在床上，穿着体面的衣裳，拿玉璋给他玩弄。听他那响亮的哭声，将来就一定能有出息，地位尊贵。起码也是个诸侯，说不定还能穿上真龙天子的辉煌之服。

后一段则说，盖好了这栋新的宫室，如果生养个女孩儿，就让她躺在地上，裹着褓褓，给她陶轮玩弄。这女孩长大后就能是一个干家务的好手，既不让父母生气，又善事夫家，一定还是个顺从贴服、从不惹是非的贤妻良母。

给男孩子玩弄的璋是一种美玉，始见于新石器时代晚期。东汉许慎在《说文解字》中说："半圭为璋。"璋的种类据《周礼》中记载有：赤璋、大璋、中璋，边璋、牙璋5种。"赤璋"是用赤玉(玛瑙)做的璋，是祭南方之神朱雀的礼器。"大璋、中璋、边璋"是天子巡狩的时候祭祀山川的器物，大山川用大璋，中山川用中璋，小山川用边璋。所祭的如果是山，礼毕就将玉璋埋在地下，如果是川，礼毕就将璋投到河里；"中璋、牙璋"是作符节器用的。可以看出璋是旧时具有不同用途的礼仪重器。

给女孩子玩弄的瓦，有陶质，也有石质，旧时借指劳动工具纺轮。璋与瓦两者质地截然不同，使用者的身份也完全不一样。以璋与瓦来表示男女，就足矣凸显中国古代社会的男尊女卑。

礼器是古代与礼制、祭祀有关的用器。玉制礼器主要用于祭祀活动。商周时期玉器的礼仪规制发展到了极致，产生了"六器"和"六瑞"。前面说的玉璋就是六器之一。

祭祀天地四方用六器

礼仪六器，指的是璧、琮、圭、璋、璜和琥这六种祭祀用的礼仪玉器。古人以玉的颜色和形制配合阴阳五行，设立礼仪六器用来祭祀天地四方。苍璧礼天，黄琮礼地，青圭礼东方，赤璋礼南方，白琥礼西方，玄璜礼北方。

璧是古代最重要的玉器，出现在新石器时代。古人主张天圆地方，以苍璧礼天，是因为璧与天同为圆形，玉璧质地多为青或白色软玉，与天的苍色一致。

玉琮是一种外方内圆的大型玉器，最早出现在新石器时代，是古人祭祀苍茫大地的礼器，也是巫师通神的法器。古代玉琮与原始宗教及祭祀礼仪关系密切，使其更多了许多神秘感，也因此备受藏家钟爱。

玉圭来源于新石器时代的工具石铲和石斧，真正标准的尖首形圭始见于商代而盛行于春秋战国。玉圭是上古重要的礼器，是被广泛用作"朝觐礼见"标明等级身份的瑞玉及祭祀盟誓的祭器。

玉璋的形状，和玉圭相似，呈扁平长方体状，一端斜刃，另一端有穿孔。

璜是一种弧形的玉器。一般都认为"半璧曰璜"，其实多数璜只是璧的三分之一，甚至更少。璜是用来祭祀北方之神玄武的。玄武是一种龟蛇相缠之形的神，璜的形状似乎也是将其高度抽象化后的结果。

玉琥是虎形的玉器，位于六种瑞玉之末。据文献记载，琥是以白琥的身份来礼西方；以虎符的身份来发兵。另外，贵族也常用其做日常佩饰。

诸侯朝觐礼见执六瑞

周礼中记载由朝廷颁发给高官作为爵位的凭证叫做瑞。"王执镇圭，公执桓圭，侯执信圭，伯执躬圭，子执谷璧，男执蒲璧。"按王及公、侯、伯、子、男六等爵位分配六瑞，上下有序，尊卑有度。

周天子为便于统治，命令诸侯定期朝觐，以便禀承周王室的旨意。为表示他们身份等级的高低，周王子赐给每人一件玉器，在朝觐时持于手中，作为他们身份地位的象征，即六瑞。比如，通过不同尺寸的圭，显示了上至天子、下到侯位的不同等级；同时不同尺寸的圭加以不同的名称，也显示了周室安邦理国的信念。不同名称的圭是赋予持有不同权力的依据，如：珍圭——召守臣回朝，派出传达这个使命的人必须手持珍圭作为凭证；遇自然灾害，周天子派去抚恤百姓的大臣所持的信物，也为珍圭；谷圭——持有者行使和解或婚娶的职能；琬圭——持有者行使嘉奖的职能；琰圭——持有者行使处罚的职能。

玉制工具武器最威仪

玉制礼器中，除了六器和六瑞以外，还有一种仪仗玉器。由玉制的象征性武器如玉斧、玉刀、玉戚等组成，在重要场合以增加王者的威仪。其中以玉斧最为典型。

玉斧是一类扁平梯形器，上端有孔，可缚扎执柄，下端为刃，它在玉器发展史上占有极其重要的地位，不仅是古人主要的生产工具，又是后来许多玉工具产生、演变的鼻祖，如玉钺、玉耜等。新石器时代晚期的玉斧，多数出现了穿孔，而且雕琢少量纹饰，成为演化玉钺的始祖。商代的玉斧，形制较大、较薄，已失去了实用功能，多半琢有阴线或阳线纹饰，成为用于政治宗教礼仪的特殊玉器。此时玉斧的制作及艺术水平达到了历史的最高峰。

乾隆皇帝的藏玉与治国观

清代皇帝酷爱玩玉以乾隆为首。上有所好，下必行焉。乾隆盛世，儒学一统天下，无论是身居翰苑的士大夫，还是苦修四书五经的读书人，或身佩玉饰，或在书案上陈放玉制文玩，并时刻警醒自己，做一位有德行的君子。据说乾隆一朝的制玉数量，就超过了整个宋元。

乾隆皇帝对玉器的酷爱，可以说是无人能及，他一生题作咏玉的诗就有800余首。清宫遗存的数万件玉器，大多是乾隆收集入宫的。他经常一个人蹲在玉库里摆弄玉玩，还挑出一些古玉，命人刮垢清理后，亲自评出一二三等。乾隆帝在把玩玉器的同时还对其赋予了情感与理念，把自己玩玉说成是有"善治量才"的理国之德，他说："不使良材屈伏沉沦，将其剪拂出幽，以扬王庭而佐治理。"由此看来，乾隆帝不但具有极高的艺术造诣及鉴赏眼力，也因藏玉而总结出了独到的治国方略。如此把收藏与治国紧密联系在一起的帝王唯有乾隆。

葬玉与不朽
——墓葬中历史的洗礼

西晋时的葛洪在《抱朴子》中说："金玉在九窍，则死人为不朽。"

在古人眼中，玉器是有特殊功效的灵物，很早人们就开始以玉石敛尸，企盼着死去的肉身能完好不腐地得以再生轮回。那时，人们认为尸体腐烂是因为入土下葬后遭遇了水银的浸泡。而玉是一种有生命的物质，具有善于吸收其他物质的特性，水银遇到玉可以被玉吸收凝固，于是人们就由此推理出玉有保存尸体的功用。从此以后，人们开始以玉敛葬，将玉施覆于尸体的各部位，用来保护尸体，防治腐朽。这类专门为保护尸体而制造的随葬玉器统称为葬玉。

广纳博收，有生命的不朽葬玉

丧葬之礼在中国起源很早。古代人死后一定要把生前珍爱的东西带到墓内。这些带到墓葬中的物品，大量的是生活器皿，即所谓的陪葬品。但我们这里说的葬玉并不是指用于陪葬的生活物品，而是专指为丧葬、敛尸而制作的一种特殊玉器。

葬玉最早出现在石器时代，夏商周三代时期进一步发展，到汉代达到鼎盛。

早在旧石器时代山顶洞文化中，考古就曾发现有许多散布在尸骸附近的石珠、兽牙等，这说明当时已有随葬的器物及风俗。之后，在西周的贵族墓葬中发掘出用来覆盖尸体面部五观的玉覆面。玉覆面也叫"瞑目"，又名"缀玉面幕"，由印堂、眉毛、眼、耳、鼻、嘴、腮、胡须等十几片玉片组成，根据死者的五官将玉各琢其形覆于五官七窍，有的还刻有纹饰。再后来又有了穿在上半身的玉片衣，形状多为长方形、方形、三角形和梯形，有的表面刻有阴线云纹。到了汉代，厚葬之风日盛，葬玉更是极为普遍。并已经开始渐渐演变为一套有玉衣、玉琀、玉握、九窍塞、玉枕、玄璧和镶玉棺等组成的葬玉的完善形式。

玉衣又称"玉匣"、"玉柙"、"玉椑"，是皇帝、诸侯王和高级贵族死后的殓服，由尸体局部使用的丧葬用玉演化而来。玉衣的外观与人形相似，是用金属丝线将数千片小玉片缝缀而成。玉衣制作工序复杂，工程浩大。玉衣按照死者的等级，根据编缀线缕的质地不同可分为金缕玉衣、银缕玉衣、丝缕玉衣和铜缕玉衣等数种。据史料记载，古时制作一件中等型号的玉衣所需费用几乎相当于当时100户中等人家的全部家产的总和。三国时期，魏文帝下令禁止使用玉衣，此后，玉衣在中国历史上逐渐消失了。

玉琀又称"含玉""口琀""饭含"，是含于死者口内的葬玉。古人使用玉制口琀，首先是希望能以玉石的特性来保护尸体不腐，同时也是寓意不让死者空口而去。玉琀各代形制不一，多为细小的玉雕牲畜。商周玉琀有玉蝉、玉蚕、玉鱼等，春秋战国时玉琀有玉猪、玉狗、玉牛、玉鱼等，大约任何较小的玉件都可以充当口琀。汉代以后大量使用玉蝉做琀，寓意清高绝俗、诡异善变与复活再生，有着深刻的生命哲理。两汉玉蝉多用和田白玉、青玉雕成，质地很好。造型规整，左右对称，形象简明概括，寥寥数刀即成，线条粗犷有力。魏晋提倡薄葬，葬玉已经不是很流行，玉琀的出土量少而且质量较差。明初墓葬中还能见有以小璧充作玉琀的。

玉握也称作"握玉"，是死者握在手中的玉器。古人认为死时不能空手而去，要握着财富和权力。在新石器时代，死者以兽牙握在手中。西周时，死者手中多握有在那时象征着生命的数枚贝壳。战国时期，开始有成对的玉握于死者手中。此时的握玉多是圆柱体，周身上下两段各刻有阴线云纹。西汉时多为璜形，到了东汉常见的玉握多为猪形，称为"玉豚""玉猪"。玉猪是汉代最流行的玉握，是财富的象征。玉猪有较统一的造型，多在头部尖细的长条圆柱上加琢简单线条，也就是汉代最常用的"汉八刀"雕法雕成。虽然简单，但又极富特色，而且仿制者常仿不像。

九窍玉塞是指填塞死者九窍的玉器。"九窍"指的是双眼、双耳、鼻孔、嘴、肛门和生殖器共9个器官。春秋战国时期的墓葬中，就零星出土过耳塞、鼻塞和肛门塞，而完整的九窍塞则见于西汉中山靖王刘胜夫妇墓中。刘胜的九窍塞包括眼盖、耳塞、鼻塞各两件，口塞、肛门塞、生殖器罩盒各一件，共九件。

玉枕顾名思义，是指死者的玉制枕头。多为数片玉片拼装组合而成，整玉雕成极为罕见。

玄璧是一种深绿色或青色的玉璧，璧面上一般阴刻两周纹饰，内周为蒲纹或涡纹，外周刻兽首或凤鸟纹，还见有三周纹饰带的玄璧。这种玉璧一般成组放置于墓主尸体的前胸和后背，有一定的排列方式，并以织带相连接，然后又在玉璧表面普遍粘贴一层织物，把前胸和后背的玉璧各自编联在一起。

链　接

古玉保养四大禁忌

畏火：如果古玉器常与火接近，玉器上的包浆会褪落。

畏冰：常接触冰会色沁不活。

畏惊气：最怕磕碰、跌撞，轻则肌理出现裂纹，重则损伤。

畏脏水：久触脏水，色沁处会暗淡无光，重则浑身遍布麻点，无法盘摩修复还原。

保养玉的环境应保证通风、干燥、无尘这几个基本条件才行。

饱沁沧桑出土玉
——诡异斑斓，藏家珍爱

　　玉能使人永生的观念在中国古代各个历史时期受到不同程度的重视。这种认为玉石可以保存尸身，使之不朽的观点完全是受当时科学发展水平和认识能力的限制。那些被埋入土中敛尸的古代丧葬玉器，虽然能够吸收水银，但却未必能实现王侯贵族们保护肉身不腐的心愿，招来数不尽的盗墓毁尸的厄运却是真实的。因为浸染了多种物质的葬玉，产生了绚丽诡异的沁色，从而历久弥新，为历代收藏家、鉴赏家格外珍爱。

　　葬玉在土中年久松朽，被他物浸染，都会沾染上某种颜色，这便是所谓的"沁色"。埋入土中的葬玉，一方面会将邻近的地中水银、松香、石灰及其他各种有色物质吸入自己体内，同时，其体内原有的物质也会起到酸化的作用。其实，不仅是葬玉，但凡出土古玉真品，光亮如新者极其罕见，其上多带有一种非人为造成的沁色。这种沁色丰富多彩、绚丽斑斓。而古玉出土之后，经过人体的盘玩，其体内的物质成分由于受到人气的涵养，玉性又会慢慢复苏，从而使古玉原先的沁色发生奇妙的变化，呈现出神秘而绚丽的奥妙姿彩。

148

古玉沁色是我国独有的，它的价值不可等闲视之。据报载，1900年八国联军入侵北京，慈禧太后外逃时怀中就揣着一块玉中之王——"脱胎"，后来在路上送给追随皇室的军机大臣王文韶。"脱胎"是一块质地优良的羊脂白玉，经几百年埋于土中，饱经尸血、气浸入，出土后又佩在人身上长达百余年，受活人气息渗入，然后又入土、再出土，几次反复才形成，存世罕见。据史籍记载，一块小小的"脱胎"浸入水中，可让一大缸清水变为通红。

由于入土的时间、地点不同，受沁的深浅程度不同，出土古玉沁色千差万别。行业内有沁色"十三彩"之说，就是极言其色彩之多。

古玉沁色的不同则主要和近邻物质有关。一般玉埋于土中，总会受到土的侵蚀，受土侵蚀较轻的称"土蚀"、"土锈"，较重的称"土浸"、"土斑"，它们都是受地气熏蒸而致。一般入土时间长的古玉，其"土锈"、"土斑"用刀也刮不掉，因为含沙性的土已经渗到了玉的肌理中，并与玉合而为一了。

土中的水银沁有地中水银沁和殉葬水银沁之分，殉葬水银沁又有大坑（大墓）、小坑（小墓）之别。完全受地中水银沁的古玉，呈黄白色或微黑微青的颜色；完全是大坑水银沁的古玉，呈黑漆色；小坑水银沁的颜色则在黑的深度和广度上比大坑要逊色；古玉上的水银沁，大则连成一片，小则成块分布，更有的像线一样细，这些都是因玉质纹理坚密的不同和所处环境不同而有区别，但均具有色泽黝黑光亮的共性。黑白分明的古玉，一半是由大坑水银所沁，一半是由地中水银所沁。

受黄土沁的古玉颜色如栗子黄；受松香沁的古玉色如蜜蜡，

呈淡黄色；受靛青沁的古玉色如青天，这是由于服装上的靛蓝深入到玉的纹理；受血沁的古玉颜色赤红，称"枣皮红"，色深的称"酱瓣紫"；受铜沁的古玉色如翡翠，称"鹦哥绿"，这是因为铜器入土后，产生铜绿，如果玉器在它边上，铜绿就深入其中，出土复原后色泽比翠更加娇嫩滋润；受地火影响的古玉则都变成白色，谓之"鸡骨白"、"象牙白"、"鱼肚白"等。受石灰沁的古玉成淡绯色，经过盘玩后，色如绯霞一样光彩夺目。

　　玉器的受沁规律，主要受地理位置、埋藏环境和葬具结构等几方面影响。众所周知，我国的地势西高东低，尤其是西北五省，土壤多呈碱性。反之，东部海拔低，土壤湿润肥沃并呈酸性，因而对玉器的腐蚀和色变就不尽相同。同理，以北纬32度为界，南温北寒，这也是造成北方多土沁，南方多水沁的重要原因之一。玉沁的各色名称许多都源自于埋藏环境。例如铜沁、水银沁等，一望名称即可知其然。例如新石器时代，入葬的礼仪中有往棺底铺设朱砂（辰砂）的习俗，因而造成陪葬的玉器出土后，浸染了朱砂并深入肌理，美其名曰："宝石红"、"洒地红"、"孩儿面"。葬具结构也会对玉的沁色产生重要影响。除去直接掩埋外，葬具中的棺椁一般分为石质和木质，棺椁石质和木质固然耐用，但由于石棺不严，故而细泥沙会随水渗入，因而造成底部的沁色会重于上部。木质棺椁是用榫卯构成，时间一长便会腐朽，形同直接掩埋，玉器上就会出现满沁现象。当然，后代的墓葬法中也用木质葬具，即便朽尽塌陷，玉器却能保存完好，但造成了接触地表的一面沁色严重，而没有接触地表则基本无沁。

　　绚丽的沁色是历代伪古玉者追求的对象，最晚从明代始，就有用苍黄、杂色、边皮、葱玉冒充玉沁而"每得高值"的记载，其后的清、民国乃至当代，做沁的方法更加隐蔽，手段也更加高明，给无比灿烂的古玉文化蒙上了一层阴影。综上所述，古玉的沁色是鉴赏古玉的关键之一，也是伪制古玉的关键。

黑红漆器
——典雅富丽，千文万华

"流漆墨其上。禹做祭器，墨漆其外而朱画其内。"

——《韩非子·十过》篇述虞舜做食器

　　黑与红相伴，融庄重热情于一处，是永恒的搭配色。中国的漆器工艺正是在色彩上独占了这份永恒，将大雅与大俗集于一身。在古老的华夏文明中，以黑红两色为主流构成的漆器，制作精美，风格独特，散发着迷人而恒久的魅力。

　　漆本来是一种树木的名称，产于中国的闽、鄂、皖、浙等省。漆树的树皮内分泌的黏汁，就是被人们用于装饰生活器物的"漆"。所谓漆器，就是用漆涂在不同材质的器物表面制成的日常器具及工艺品和美术品。从漆树上割取的天然生漆液汁，主要由漆酚、漆酶、树胶质及水分构成。以它为涂料既有耐潮、耐高温、耐腐蚀的功能，又可以配制出不同的色彩，美化装饰器物表面，使其光彩照人。漆器是中国古代在化学工业及工艺美术方面的重要发明，像陶瓷和丝绸一样，是中华民族文化的瑰宝。

　　漆器的制作工艺相当复杂，首先须制作胎体。胎体多为木制，偶尔也用陶瓷、铜或其它材料，也有用固化的漆直接刻制而不用胎体的。胎体完成，漆器艺人运用多种技法对表面进行装饰。漆器的主要特点是可以抛光到可与瓷器媲美。漆层在潮湿条件下干燥，固化后非常坚硬，有耐酸、耐碱、耐磨的特性。由于漆有这些特性，因此很早就被人们在日常生活中广泛应用。

漆器的源流追溯

中国是世界上用漆最早的国家，也是世界上最早认识漆的特性并能将漆调成各种颜色，用作美化装饰器物的国家。中国漆器的历史很悠久，据有关资料记载，早在夏禹时代已见使用，战国时期更加发达。在汉代，漆器被作为日用器具，逐渐普及。唐代的漆器实物制作也有明显的发展。宋以后，元明清时期，漆器的制作工艺更是不断发展，屡创新高。

大约在七千多年以前，我们的祖先就已经能够制造漆器了。1978年，考古工作者在六七千年前原始社会晚期的浙江余姚河姆渡文化遗址中，就已经发现了朱漆木碗和朱漆筒，经过化学方法和光谱分析，其涂料为天然漆。这揭开了中国漆器制造史上光辉的第一页。

在中国古代种植漆树相当普遍。早期的漆器通常在简单木、竹胎上髹涂，既可用于防腐，也可用于装饰。随着漆工艺的发展，逐步出现在各种器物上进行彩绘、描金、戗金、填漆等工艺，或在器胎上髹漆至一定厚度，再在上面雕刻图案的作法，还有的在漆器上镶嵌金、银、铜、螺钿、玉牙及宝石，以组成华丽的花纹，

153

真可谓千文万华，纷然不可胜识。唐代的金银平脱，宋代的一色漆器，元代的雕漆，明代的百宝嵌，清代的脱胎漆器等，都是各代有代表性的特色名品。

新石器时代的漆器制造处于探索阶段，主要制作生活用品。漆色以红、黑两种单色为主，髹漆工艺仅有彩绘和镶嵌两种。

夏代之后，漆器品种渐多，在战国时期，漆器业独领风骚，形成长达五个世纪的空前繁荣。那时漆器的生产规模已经很大，被国家列入重要的经济收入，并设专人管理，战国大哲学家庄子就曾担任过管理漆园的官职。漆器品种繁多、生产工序复杂、耗工耗时。不仅用于装饰家具、器皿、文具和艺术品，而且还应用于乐器、丧葬用具、兵器等。这时的漆器非常昂贵，但新兴的诸侯依然开始不再热衷于青铜器，而是把兴趣转向了光亮洁净、易洗、体轻、隔热、耐腐、嵌饰、彩绘、五光十色的漆器。那个时代，漆器在一定程度上甚至取代了青铜器。

战国和汉代都是漆器制造空前繁荣的历史时期，大量制造各种实用与观赏品。髹漆工艺主要有描彩漆、镶嵌等。装饰纹样盛行动物纹、云纹、几何图案。特点是色彩丰富、线条奔放、勾勒交错、气韵生动。

汉代漆器也是以黑红为主色。汉代漆器的品种又增加了盒、盘、匣案、耳环、碟碗、筐、箱、尺、唾壶、面罩、棋盘、凳子等。同时，汉代还开创了许多新的工艺技法，如多彩、针刻、铜扣、贴金片、玳瑁片、堆漆等等。

东汉以后，漆器的制作进入了缓慢发展时期，但其间也取得了一些令人瞩目的成就。如唐代的金银平脱工艺、宋代的雕漆工艺都得到高度发展。

元明清时期形成了中国漆器制造史上的又一个高潮。形成了官造和民间漆器生产同时并存、共同发展的局面。元代的雕漆工艺取得了辉煌的成就，涌现出张成、杨茂、张敏德、彭君宝等技艺卓越、流芳千古的制漆名家。明代的髹漆工艺全面发展，工艺技法已有14大类、近四百个品种。清代在继承明代的基础上又有了进一步的发展，某些品种在造型和制作技术上，达到了登峰造极的境地。

品相决定价值，漆器保养有讲究

漆器制作精美、风格独特，是具有较高的观赏和收藏价值的艺术品。目前其收藏、拍卖行情日益看好，尤其是明清漆器更是受到市场的追捧，身价正在直线上升。与其他藏品相类似，漆器也十分注重品相，品相的好坏直接决定了漆器收藏价值的高低。因此，收藏漆器时应进行有效的保养，这样才能使其长久也保持艺术风采而不至于贬值。

漆器有不同的胎质，相对应的保护方法也不同。例如以木、竹为胎的漆器，胎质是容易受潮变形腐烂的，所以不仅要注意保护漆层，还要注意保护胎体。而以金属为胎的漆器，胎质较为坚固，不易损坏，所以对这类漆器以保护漆层为主就行了。

漆器在收藏时应注意避免阳光曝晒、烟熏，收藏室的湿度和温度不宜急剧变化，避免忽干忽湿，最好把漆器放在温度和湿度比较恒定的房中。许多制作精美的古代漆器，即使长期埋藏在潮湿的地下或干燥的沙漠中，也能保持光艳如新，但出土后却会因环境的湿度变化大而出现变形、变色等现象。这是因为空气过于干燥，漆器容易发生断裂；但是湿度过大，就容易出现变形和脱漆。

收藏时应特别注意：为了防止器物发霉脱漆，不要把漆器久置一地不看也不动。在移动漆器时更应轻拿轻放，注意不要与坚硬、锐利的物体碰撞或摩擦，避免剧烈的震动。因为有的漆器在地下埋藏千年，胎质易变得疏松，稍不注意，就会损坏。同时，盐、碱等物质对漆器有一定损害，要注意远离这些东西。

漆器的收藏还应注意防尘。如果有灰尘积淀，可用柔软的毛刷或用棉纱布轻轻擦拭清理。如果器物表面沾上污垢，可用洗涤剂清洗或用棉纱布蘸上少许食用油轻轻擦拭。

千年彩漆
——历史也曾勇敢挑战非主流

中国漆器多彩多姿，是古老华夏文化宝库中一颗璀璨夺目的明珠。上溯夏商，下及明清，绵延几千年，一直沿袭到今天。中国早期的漆器一般髹黑饰朱，以优美的图案在器物表面构成一个绮丽的彩色世界。黑红互映的色彩产生光亮、优美的特殊效果。在红与黑交织的画面上，形成富有音乐感的瑰丽多彩的艺术风格，展现了一个人神共在、奇瑰诡谲、流动飞扬、变幻神奇的神话般的世界。

黑与红，中国漆器色彩的主流基调

无论是墓葬出土，还是传世收藏，中国漆器色泽的主流多是以黑为底，以红为装饰。黑色庄重肃穆，既有重金属坚实的力量感，又有头顶浩渺夜空的神秘感，能够用来象征权力；既有杂陈七彩色调的成熟感，又有脚下广袤大地的亲和感，可以用来象征平凡，黑色实在是一种集雅俗于一身的色彩。在中国民间更是把黑与红比喻为死亡与生命两个极端，使这两种漆色充满了哲学的玄机、充斥着日常的生活。同时，黑色在生活中又是个实用耐污的色彩，由此可见，历代的漆器青睐于黑色也应该是情理中的事。

虽说漆器的主流色调是黑色饰红，可是，在几千年的改朝换代中，漆器也曾出现过几种反主流的色彩。以两晋、大唐与元代最为引人注目。

绿髹时尚，晋人偏爱

在频频改朝换代中，两晋夹在战乱间隙中诞生，在中国历史上，只是很短暂的一个时期。既没有轰轰烈烈的业绩，也没有叱咤风云的帝皇。正是这种相对宽松、平和的政治氛围，使得闲适的士大夫阶层崇尚自然本色的理念得以充分的展示，在文学、经学、博物、艺术等领域都作出了许多创造性的贡献。正是这批文人雅士厌倦战乱、向往宁静，厌倦大红大黑的世俗色彩、向往寄情山水的自然本色，倡导绿髹成了生活时尚。绿色之髹正是体现了士大夫阶层对皇权色彩喊"不"的人本精神，也得到了社会民众的认同。

晋代官员文人都爱绿髹，此事文献有记载。王羲之有一篇著名的《笔经》称，有人"以绿沉漆竹管及镂管见遗，录之多年，斯亦可爱玩。讵必金宝雕琢，然后宝也。" 王羲之认为并不一定是金宝雕琢镶嵌的笔管才能算名贵，他就喜欢绿沉漆的笔管。《太平御览》叙说了南朝初期一个官官相护的故事，说的是御史中丞刘桢上奏，广州刺史韦朗用绿沉漆髹饰的名贵屏风，一次就做了23床，实在太奢华。因此奏请免了韦朗的官。可见在两晋时期，从朝廷到州官，从文人到百姓，都在以绿鬟为时尚，在以黄、红、黑为封建原色的社会里，这种绿色时尚确实称得上是一种叛逆色彩。

文献记载，绿沉漆始制于两晋，鼎盛于两晋、南北朝。但是那个时候的实物却一直无处可觅，直到上个世纪八十年代末在陕西法门寺塔藏中才发现了一件唐代绿沉漆金平脱钵，让我们在千年猜想中终于找到了一个解读绿沉之色的"黑匣子"。

色彩缤纷的唐代漆器

历史翻到唐代，真是令中国人值得骄傲的一页。长安城像一座耀眼的灯塔照亮了世界，东方的日本人、新罗人，南方的天竺（印度）、骠国（缅甸）、真腊（柬埔寨）人，西方的拂菻（东罗马）、波斯（伊朗）人等，纷至沓来，云集在长安城里，进行着服饰、手工艺的国际大交流。唐代人从帝皇到平民都以敞开的胸怀迎接八面来风，兼容并蓄着世界的精彩。以此为驱动力，具有中国特色的漆器制品在工艺上出现新的飞跃，在色流上变得色彩缤纷、美轮美奂，更加领先于世界的潮流。在唐代出现了浮雕描金加彩漆工艺。描金加彩漆器在陕西法门寺地宫出土数量很多，如有一批微型雕檀香木描金漆木俑，它的手法是在雕刻的木俑上敷黑漆或着彩，然后在衣褶线条上添描金线，保存至今其金色依然熠熠生辉。

唐代这种描金加彩工艺在敦煌莫高窟也曾发现过实例，一件漆碗，其内壁红棕色、外壁黑漆，上面有红色茶花与金色牡丹花，以金色勾勒叶茎。这是一种很有特色的漆工艺，大概盛行于唐代，而且可能是当时长安及北方地区流行的漆工艺。

还有漆器上的镶包工艺。法门寺出土漆木器中有一件银花片包角漆函，《万世法门》中称：函身银雕花包角，以平雕加彩手法雕满各种花卉。函身外壁似施有薄薄的黑漆，四周饰包角，角片用圆头铆钉固定，盖上挂银锁，有刻花如意头铰链搭扣，后壁上部有两个小圆环，函身立墙饰满花卉，加彩制作十分精细。无疑这是官营作坊制作的宫廷御用品。

在唐代漆器艺术宝库中，最耐人品味的要数金银平脱与嵌螺钿漆器。平脱工艺唐之前已有之，至唐代这门手艺在传统中创新，在吸收中发展，达到了登峰造极的高度。

在法门寺地宫，有一件金银平脱秘色瓷碗。葵花形碗口周缘饰银釦，内壁施黄釉，外壁素烧，在黑漆地上平脱镂银鎏金花鸟纹团花五朵，此碗乃"金棱含宝碗之光，秘色抱青玉之响"，它集多种工艺于一身，充溢着力度的美感，实在是一件罕见的珍品。金银平脱是唐代漆工艺品中最瑰丽、最多姿、风靡一时的奢侈品，它是唐代金工与漆工相互渗透的边缘品种，两门工艺在技艺上相互交融、相互拓展，使作品日臻完美。

唐代嵌螺钿漆器在工艺手法上与金银平脱相似，它是用蚌壳片切割裁剪出各类物象，再在物象上施毛雕，然后组拼成图幅，粘合在漆器的灰漆地上，又经打磨，漆面上露出螺钿装饰。如果说金银平脱饰以金花银叶，是充满铺张、绚烂之极的高贵漆器，那么嵌螺钿则显得俊逸端庄，有时加以宝饰亦能七彩光耀，充满诱惑。

在唐代特种工艺的金银平脱、嵌螺钿漆器与金银器一样，我们可以从中观察到中亚文化的相互影响及胡、汉文化的交汇。大约在玄宗时期这种工艺创新迭出，达到了鼎盛的局面。唐代漆器色流与工艺的百花齐放，实在是一个全方位、大开放的皇朝呈现出繁华盛世之时代精神的体现。

橘红与黑，不同民族性格的全新感悟

宋代文化，相比于开放的唐代显得沉闷多了。体现在漆器的色流更加尚黑，即便用些朱漆也多呈银朱色，且朱漆生产有专业的"烧朱所作"，隶属文思院管理，为"掌烧朱红以供丹漆作绘之用"。这种丹漆当然是上等品，坊间流传不多。

一代天骄成吉思汗以其金戈铁马为元朝奠定了基业，这个游牧民族对大中华的改朝换代必定会引发一些新的潮流。元代漆器色流的独树一帜，小中见大地印证了这点。

元代漆器改变了宋代尚黑的色流，以红为主流，且多呈鲜艳的橘红色，在文献中亦不泛记载，《元史·祭祀志·太社太稷条·国俗旧礼条》中称：社坛祭礼中有"红髹器一"、"朱漆盘五"；太庙祭礼中有"朱漆盂"；《元史·百官志·工部》称："工部提举右八作司，掌出纳内府漆器、红瓮⋯⋯"等。

黑与红本来都是中国古代漆器色彩的基调。历代漆器都是红黑交相辉映，似乎无需刻意去区分何为主流色彩。然而体现在宋、元两代漆器，你只要细细分析，就可以看出其色彩主调上的区别。宋时尚黑漆，黑色显示礼仪，更多给人以压抑感，显然受传统理念的影响。元代素漆则以红为主，转变了漆色的基调。黑色漆反而作为红色的衬托。红色是一种奔放的、桀骜的颜色，以太阳为本色，表达辉煌的意象，以鲜血为图腾，昭示斗争的精神，或许更受狂放不羁的游牧部族的青睐。元代漆器摆脱了前朝传统理念，开创了新的契机，应该是顺理成章的结果。元时贵红，除了用在漆器上，在元代墓葬壁画上往往也有所反映。辽宁凌源县富家屯一座元墓壁画中，仕女、人物多穿红色长衫、红披肩或红色长袍，甚至所擎团扇、床上盖的被子都是红色，这种一片红的墓葬方式也印证了上述分析。

以红为主的素面漆器，突出展示了一种民族风格、时代精神，似乎在几千年来的漆工艺史中，漆器色流没有出现过这样以红为主的基调。

竹木牙角
——精美绝伦的雕虫小技

　　竹木牙角是中国古代艺术品杂项中的一类，而且占有较大的比重。竹木牙角雕刻的工艺品虽然多为小器，却是我国古代工艺美术宝库中的一个重要门类。由于竹木牙角皆为有机物，在自然界中很容易受有害物质的侵蚀和人为损坏，极难保存，故传世者甚少，然而目前遗存于世的少量作品，亦可充分展现出当时中国竹木牙角雕刻艺术的辉煌成就。

　　近几年来，竹木牙角器在拍卖中的比例不断增大，渐有与瓷、玉、书画抗衡之势。因为其工艺精巧、种类繁多、形式复杂，所以引起了越来越多的投资者的注意。某些拍品的成交价也显现出一路飙升的趋势，尤以牙、角表现为最。

　　竹木牙角器小巧玲珑、雕工精致，在中国有着悠久的历史。牙角雕泛指兽牙、兽角的雕刻制品，收藏界特指象牙、犀牛角的雕刻品。竹木雕源于竹木器，从使用竹木器的史前时代开始，到竹木雕艺术独立发展并成熟的明清时代，在中国，经历了几千年的漫长历程。先人们很早便开始利用自然界生长的竹、木和动物的骨、牙、角制造生产工具、生活用品和美化生活的装饰品，并

163

在长期的生产实践中不断改进的创新制造工艺，逐渐形成了多姿多彩且富有民族风格的艺术门类。

远在旧石器时代，生活在北京周口店地区的山顶洞人就已将兽骨制成骨坠、项链等装饰品，表现出早期人类对美的追求。进入新石器时代以后，竹、木、骨、牙、角器物的制作和使用有了较为全面的发展，在距今六七千年前的浙江余姚河姆渡原始社会遗址中，出土了木雕圆筒、象牙雕花牌饰以及象牙雕鸟形匕等竹、木、骨、牙、角制品。其中的象牙雕鸟形匕，以鸟身为柄，长尾为匙，美观实用，形态异常生动。在距今4 800至5 000年前的山东大汶口原始社会遗址中出土的象牙梳，竖列九齿，梳柄之上透雕双"S"形花纹，花纹间镶嵌绿色松石，其工艺已达到很高水平。

随着社会的进步和生产力水平的提高，特别是金属工具的出现，更是开创了竹木牙角雕刻发展的新天地。1979年在河南安阳殷墟妇好墓出土的三件形体高大、纹饰精美的象牙杯，杯身阴刻云雷纹为地，上面浮雕兽面纹和鸟纹，线条清晰细腻。杯身一侧用榫卯扣合的方法设置夔龙和鸮鸟形的器柄，使杯的整体造型显得格外端庄富丽，反映出金属工具出现后，竹木牙角雕刻工艺新发展和所取得的成就。

明、清两个王朝，统治中国将近五个半世纪，在此期间，竹木牙角雕刻艺术在继承历史传统的基础上又有所飞跃，不仅作品的种类、数量增多，而且出现了众多文人、书画家参与和从事竹、木、牙、角制品创作的新局面，使本来讲究技巧的工艺制品，趋向于追求书法和绘画的效果，从而提高了其艺术品位，彻底改变了将竹木牙角雕刻视作"奇技淫巧"、"雕虫小技"的社会偏见。这种观念的变化进一步促进了竹木牙角雕刻艺术的新发展，形成了不同的风格和流派，涌现出大批名家。尤其是明代中期以后，象牙、犀牛角、竹、木雕刻工艺品，在江南颇为兴盛。到了清代，其制作地主要集中在南京、苏州、杭州、广州一带，并出现了许多极有造诣、作品蜚声海内外的雕刻艺术家，他们的作品，有的小巧精致，玲珑剔透；有的细密入微，鬼斧神工，精美绝伦。

竹木牙角器通常以雕刻材料分类，但也可以按用途将其分为两大类：一类是实用器，一类是陈设品。竹木牙角器从各种生活器皿到文房用具以至清玩之物，应有尽有。这些作品有的雕刻简练、古朴大方，有的精工细作、纹饰繁密，变幻无穷。雕刻的工艺技法主要有阴线、阳刻、圆雕、透雕、深浅浮雕和镂雕等，其中还包括拼贴、镶嵌等技艺。

竹木牙角器的传世作品数量，以明清时代为多。故宫博物院收藏的三万余件竹木牙角器物，除一部分是考古发掘的出土之物，绝大多数是明清两代皇家收藏的作品。这些作品种类纷繁，精微工巧，其中尤以清代牙角雕刻最为精湛。那些技艺非凡的名工巨匠，运用他们的智慧和高超的技法，把我国的雕刻工艺推至空前的鼎盛阶段。他们的作品反映了时代的风尚和审美取向，是我国民族文化中珍贵的遗产。他们为人类创造了美，在历史上留下了辉煌的篇章。

民间竹木雕
——独领风骚的原生态工艺

　　民间竹木雕刻艺术，以雕刻材料分类，生活气息浓厚，在中国有着几千年的悠久历史。中国竹木雕刻格调高雅，是根与干的一种造型艺术，有较高的艺术价值。同时竹木雕还注重与诗书画印相结合，表达思想感情，追求深远意境。历史上有造诣的竹木雕刻家，大都能书画，通诗文，擅篆印。竹木雕刻作品通常有实用类和玩赏类两种。一般选用质地细密坚韧，不易变形的树种如楠木、竹子、紫檀、榉木、柏木、银杏、沉香、红木、龙眼等。

竹雕遗存少，无老货

　　竹雕也称竹刻，是在竹制的器物上雕刻多种装饰图案和文字，或用竹根雕刻成各种陈设摆件。中国是世界上最早使用竹和最善用竹制品的民族之一。竹子结实挺拔，虚中洁外，外表油润，色泽近琥珀，而且具有浑厚坚韧的特性。被中国人视为祥瑞之物，与植物中的梅、兰、菊一样被赋予了许多美好的情感和性格。竹子在中国广大的地域都有栽种，为制作日用工艺提供了充足的原材料。

竹雕在中国由来已久。竹雕成为一种艺术，自六朝始，直至唐代才逐渐为人们所识，并受到喜爱。竹雕发展到明清时期大盛，雕刻技艺的精湛超越了前代，在中国工艺美术史上独树一帜。明清时期表现技法多样，浅刻、浅浮雕、留青、圆雕等同时并行；品种除笔筒、香筒外，臂搁、竹根人物、动物与山石具备。但清代后期面目较为单一，用刀平浅，常作阴刻，流行小像写真、篆刻金石文字以及细密小字的铭文诗篇，并以再现书画笔墨为能事。

竹雕大体分两类：一类为竹面雕：如香筒、笔筒、臂搁、扇骨等；另一类为立体圆雕：即竹根雕，可塑造出人物鸟兽等立体形象之物。

早期的竹雕制品遗存很少，至今所见多为明清传世品，一般浑厚古朴，构图饱满，布满器身，刀工深峻，常做深浮雕或透雕，线条刚劲有力，转角出棱。

木雕历史久，种类杂

木雕是以各种木材及树根为材进行雕刻，是传统雕刻工艺中的重要门类。木雕工艺在中国源远流长，在距今7 000多年前的新石器时期，就已经出现了生动的木雕制品。商周时代，木雕被纳入国家管理范围。遗留下来的木雕多为礼器，装饰方法已有施漆、镶嵌和雕花等多种。春秋战国的木雕工艺分成了建筑装饰木雕、木俑、宗教造像、礼祭等不同的木雕行业。秦汉两代木雕工艺趋于成熟，绘画、雕刻技术精致完美。施彩木雕的出现，标志着古

167

代木雕工艺已达到相当高的水平。汉代墓葬出土了很多动物、人物木雕俑，和车、马、盆、耳环等器物。木材易腐烂，汉代以前的木雕流传至今非常不容易。

唐宋以来，越来越多的木雕多用于殿堂楼阁、庙宇民居的建筑装饰。日用品上的雕刻更为丰富多彩。唐代是中国工艺技术大放光彩的时期，木雕工艺也日趋完美。许多保存至今的木雕佛像，是中国古代艺术品中的杰作，具有造型凝练、刀法熟练流畅、线条清晰明快的工艺特点，成为当今海内外艺术市场上的"宠儿"。

明清时代的小型木雕摆件、建筑木雕装饰和木雕日用器物均大为发展，并形成地方特色。如东阳木雕、广东金漆木雕，福建龙眼木雕等。建筑装饰木雕，出现不少以民间传说、戏曲、历史故事为题材的作品；玩赏性木雕则注重发挥木质本身的美感，相形度势，因材得意，成为人们喜爱的艺术品。

木雕工艺历史久远，选材多样，种类也纷繁复杂。作品的价格往往与其材质有着密切的关系。木质的优劣也就成为木雕身价的组成部分。因此，市场上常可见到有以劣次木质冒充优质木材的现象，被冒充的主要是紫檀、黄花梨、红木等名贵硬木质材。

象牙犀角雕
——资源匮乏的珍稀藏品

牙角雕，顾名思义，就是以动物的牙和角为材料雕刻的工艺品，然而在收藏界，其含义则主要是指象牙和犀角的雕刻品。其技法与竹、木雕刻大体相同，器物造形也以笔筒、臂搁、镇尺、笔架、屏风等为多。

象牙天生丽质，色泽洁白、柔和，质地深受人们的喜爱，雕成器物更是美伦美奂，充满艺术魅力。象牙雕作为一项特种工艺，在中国艺术史上更是占有十分重要的地位；犀角珍稀而名贵。犀角雕在我国古代各种门类的工艺美术品中，当之无愧地成为既高雅又稀有的品种，与竹木、金、玉等雕刻器物同为艺林珍赏之品。

越来越稀有，怎能不升值

我国牙角雕的历史很久远。原始社会时，人们就懂得利用骨、角、牙制成雕刻品。根据考古发现，我国的牙角雕发端于距今七千年左右的史前时期，在河姆渡文化遗址中，就有数件象牙雕制品出土。商周时代牙角雕日渐繁荣，有了负责牙角雕的专业奴隶，技艺已经达到了很高的水平。到了唐宋时期，牙角雕的雕制技巧和工艺日臻成熟。

明清时期，牙角雕越来越流行，一度出现空前的繁荣和发展，和其他工艺美术作品的发展一样，在雍正、乾隆时期发展到了高峰。由于这一时期与南亚、非洲各地的经济文化交流的扩大，象牙等原材料也随之大量引进中国，以北京、扬州、广州为中心，我国各具特色的牙角雕传统工艺得以发展。中国清代时期的牙角雕刻制品，小自扇骨、香熏、花插、笔筒，大至花卉盆景、山水人物、巨型龙舟、连幅围屏等等，种类繁多。当时象牙、犀角雕刻和竹木、金石雕刻并没有严格的分工，许多名家巨匠都是多面手，对加工各种质地的材料得心应手，所以明清牙角雕更易于吸收他种雕刻技法的长处。使许多精美绝伦的牙角雕作品得以问世。这时的雕刻风格简洁圆润、格调高雅。

近现代牙角资源更加匮乏，随着保护野生动物力度的加大，有的国家已禁止牙角雕的拍卖，我国也关闭了这类企业。牙角雕将成为更加珍稀的收藏品，升值潜力巨大。

精工美意，牙角重生

象牙犀角承大自然的厚爱，天生就是美的。而经过能工巧匠们的精心加工，无疑是给象牙犀角的自然生命制造了又一次精彩轮回。经过漫长的历史洗礼，成熟的中国牙角雕工艺技法已是巧夺天工。典型的工艺有镂空透雕、劈丝编织、微型雕刻、镶嵌和染色几种。

镂空透雕是工艺美术中常用的技法，最有代表性的是出神入化的镂空透雕象牙套球，它是中国特有的国粹。这种套球是由大小不同的数层同心空心球连续套成，最多可镂雕48–50层。各层之间相互独立，每一层球体都可以自由转动，每层球的表面又镂刻有浮雕花纹，真是玲珑剔透、精美绝伦。

劈丝编织是利用象牙天生的细致纹理和韧性好的特点，经过一定的技术处理，将象牙劈分成宽窄薄厚均匀的很细的薄片，称"牙丝"，用这些牙丝精工编织成牙席、宫扇、花篮、灯罩等器物，再经一定的艺术加工，便成为风格独特的艺术品。

微型雕刻是在分毫之间创造出如诗似画的大千世界，轻巧精细，玲珑剔透。它形虽小，但内涵和境界却并不小，透过放大镜同样可以展示大手笔、大气魄。现代微雕可以借助于显微镜，而此前的微雕全凭手感创作，其工艺制作水平真是令人拍案叫绝。

镶嵌有两种方式，一种是在雕刻好的牙壁上镶嵌其他色彩艳丽的其他物质，另一种是将牙片和其他如宝石、彩石等色泽鲜艳的物质一道镶嵌在设计好的图案上。

染色是为了改善单调的色彩和遮蔽牙、角自身的色彩缺陷。

牙角雕器借了象牙犀角细腻温婉的天然肌肤，因了艺人的心中灵动，刀下游走，精致亮丽、美妙鲜活地呈现在世人面前，是物之幸，是人之幸，更是人类工艺美术史上的一大幸事。

美器之美，也要珍藏好养

象牙犀角都是比较娇气的有机类物质，加上牙角雕又都是精细工艺，所以无论材质还是做工都需要精心呵护才行。

首先，要防止冲击、摔碰、挤压、火烧、水浸、酸碱等剧烈侵害。

其次，牙角器对温度、湿度、光照、环境整洁都很敏感。温度不稳定会发生热胀冷缩，易引起变形、龟裂、掉片，湿度不稳定会产生失水吸水，引起长缩。牙角器物喜欢偏潮湿的环境，干燥易发生干裂，但太潮湿易发生霉变。一般要求温度在15—25℃，湿度在55%—65%之间。牙角在光的作用下易发生化学变化，变色、变脆，尤其是紫外线破坏性最大，会使牙角分解损坏，红外线、可见光会引起温度急剧升高。所以，牙角雕应避光收藏。

如果保养不当，牙角器物表面出现霉斑，要及时清除。一般可用柠檬酸或弱草酸的稀溶液清洗，然后再用稀氨水中和残留的稀酸，最后用蒸馏水冲净，用洁净的干布轻轻擦干，置于阴凉处慢慢干燥，切忌用加热、日晒的方法快速干燥。

最后，需注意灰尘、污物等很容易使牙角老化变质，应经常拂拭保持清洁。不能拂去的污迹可用肥皂水清洗，但不能浸泡，并应尽快擦干。有龟裂的牙角器物不能水洗，可用含1%酒精肥皂的白酒精或三氯乙烷溶液涂于表面来干洗，待溶液挥发后，用溶剂擦除附着表面的微量肥皂，并重新打蜡抛光。发黄的牙雕不宜水洗，也不能漂白。染色的牙角雕器物最好用干洗。

文人书画
——中国式文化消遣

"文人之画，自王右丞始，其后董源、巨然、李成、范宽为嫡子……"

——明代　董其昌

中华文化历经五千年，代代相传，生生不息。如影随形的中国书法与绘画艺术在历史的嬗变中，以其互补性和独立性释读了中国的传统文化内涵，中国文人手中的笔墨是功不可没的。中国的民族传统哲学是文人书画艺术上的自觉追求，文人书画是中国独有的一种文化生命力的延续方式。

将书与画并提，是中国美术发展的一大特色。书，即是字的书写，但不是通常意义上以应用为目的而写的字。画，指的就是画作的绘制。我们这里所说的书与画是中国独有的一种不以实用性为主的文人消遣方式，属于艺术品范畴。

中国书画用笔、墨、颜色在帛、布、绢、纸、绫等上面书写绘画完成。在世界美术领域中自成体系，既有悠久的历史，还有优良的传统。

173

笔与墨共同完成了中国人的情感表达，笔与墨也共同成就了中国人的书法与绘画。于是书中有画，画中有书，进而有了诗、书、画、印的一体相融，于是国人襟怀、笔墨情趣尽在幅幅书画之中。中国书画以笔墨将人与自然高度契合，是一种诗化的呈现，是一种严谨中的浪漫。

文人画之初，作者很业余

中国古代的文人士大夫，皆受儒家文化和道家文化双重影响，进则心系天下，退则独善其身。中国文人认为，书法和绘画都可以提高一个人的修养和道德，所以，不论是盛世汉唐，还是社会动荡的魏晋，以及到后来的宋元明清，笔墨丹青一直都是中国文人的精神寄托。

文人画是相对于院体画和画工画而言的。"文人画"这个概念，最先由明代董其昌提出，文人画经历了一个相当长的演进过程，在明代上升到了画坛的主导地位。

文人画的作者最初大多数并不是专业的画家，也多没有专业画家扎实的基本功。画文人画的大多属于具有较深厚、较全面的文化修养的文人士大夫。他们搞书画创作，一不是用以谋生的职业，二不是因为国家宣传需要。书画创作完完全全是当时的文人大夫们个人抒发感情和寄托思想的一种手段。

由于文人画的作者多是业余选手，所以构图、造型、设色等书画的专业基本功都不扎实。但是，就是这群业余选手们，却能扬长避短、灵活巧妙地创造了最具中国民族特色的一种新的艺术形式。

中国文人画不像西方绘画以强调写实为主，其主要特点是强调写意，而不强调写实。没有基本功的创作难于严谨，于是，文人画里没有要求基本功很扎实的工笔画技法。文人画创作多数并不设色，只是以水墨素描为主的写意画。文人画的题材选取也相对局限，多以传统的山水、花鸟，尤其是梅兰竹菊等为主。

虽然文人画的技法不够专业，但是这些画作的作者——旧时的文人士大夫们，都是绝对的聪明才子，他们比一般的专业画者更懂得迂回哲学和取舍之道，他们有比一般专业画者更强的文化整合能力。一幅幅风格独特的文人画就是最好的证明。构图不合理时，他们会用题诗题款和篆刻印章来平衡。既拯救了不完美的布局，又发挥了自己擅诗文的长处，同时也给绘画创作以深化主题和丰富意蕴的作用。

简而言之，由于文人画能够写照时代精神，所以高于普通绘画。文人画终成正果，发展成为一种民族特色，在世界艺术史上享有崇高的声誉。

字如其人，书法与品行相映

中国的书法艺术和人们的生活贴得最紧，从儿童上学的第一天就要学写字。写字漂亮美观不仅便于学习、生活，还能反映一个人的品行修养和素质，故前人有"字如其人"的说法。书法源于写字练习，又高于一般实用性的写字，其中的讲究和文化内涵十分丰富。它是中国文化乃至东方文化的一种典型的表现形式。

中国历史上有名的书法家写的真迹，在写字技巧上有很多创造，给人以艺术享受，我们称其为书法艺术。书法作为一种艺术形式，不仅是记事的工具，也具有丰富的形象特征，和图画一样，它是用线条来表现的。

中国自有文字以来，书法便受到重视。汉末魏晋时出现了以艺术教育为主的诸侯贵族学校，书画艺术成为主要的学习内容，对书法艺术的提高起了重要的推动作用。隋唐之后，开科取士，选贤用能，考试考察内容主要是身形、言语、书法、判断四大项。而且唐代的皇帝大都注重书法，这不仅推动了书法艺术创作，还为书法人才的培养创造了良好的环境和入仕升迁的途径。宋元以后，书家辈出，碑帖众多，要读书做官，就必须先练出一笔好字。渐渐"馆阁体"风行，书法得到了极大的普及。但在这一时期，书法的实用性在一定程度上超过其艺术性。

我国的书法伴随着汉字的产生和发展一直延续到今天，经过历代书法名家的熔炼和创新，形成了丰富多彩、富有民族特色的传统艺术。

书画，拍场上交易量最多的古玩

中国书画不仅是中华民族珍贵文物的组成部分，也是人类的艺术宝库中的一枝奇葩。在近万年的人类文明史中，中国书画艺术是全球公认的、源远流长的瑰宝之一。其可赏可藏，也可以用来研究艺术和历史。优秀的书画随着时间的推移正在不断增值。

书画的收藏由来已久，自古至今佳话颇多。保存到今天的完好的书画手卷甚至有晋唐时期的。当然，这与我国的丝绢业和造纸业的发达也是分不开的。

书画自从上世纪90年代初在深圳首次与拍卖连在一起，就是蒸蒸日上的繁荣景象，而且一阵热过一阵。中国书画一度成了拍卖行的"当家菜"，在国内大大小小的拍卖公司，凡经营艺术品拍卖生意的，几乎没有不拍中国书画的。在中国嘉德国际拍卖有限公司、北京翰海艺术品拍卖公司等大拍场，更是届届有书画，期期闻墨香，许多古今名家的丹青墨迹都曾高价现身。傅抱石的长幅佳作《丽人行》手卷就曾于1996年在嘉德以1 078万元的天价落槌，创嘉德书画拍卖的历史最高纪录。

书画自古就不好衡量价格，求画、馈赠、继承和交换等都是其历史上的流通方式。作为一种特殊商品，拍卖也不失为其理想的流通渠道和艺术水平的鉴赏方式。

老古玩铺

——三年不开张，开张吃三年

我国古玩行业的起源，据说是在明代。清初，每年的阴历正月初一到十六，北京都要举办灯节。后来灯市移到了琉璃厂街。康熙年间，在灯市上　有了出售字画、古玩、书籍、儿童玩具及各种食物的摊贩。雍正12年，琉璃厂的火神庙同时举行庙市。后来庙市逐渐被古玩珠宝、玉石、字画摊占据。这时，古玩才真正进入市场。古玩铺、弓铺同时起源于此。

古玩店＝文化人的店

琉璃厂除去书店，就是古玩铺，那时"古玩"在文人口中称"文玩"，意思是文人的雅玩之物。若从历史文化的角度来说也是可以的，因为要玩这些古玩意儿，也不是一般人都玩得通的，必须具备些历史文化知识才行，文玩的意义比"古玩"还广泛，因它包含新的，而不仅仅是古的。

冷清的大买卖

古玩铺的买卖并不是人声鼎沸，顾客盈门，相反的显得有些冷清，但做的却是价值不菲的大买卖。古玩铺都是为富人有权势者预备的，一般的穷读书人并不敢问津。

有句形容古玩铺的行话叫："三年不开张，开张吃三年"。这话虽有些夸张，却也道出了古玩这一行的特点。古玩铺不同于油盐店，天天都开张。过去，古玩铺卖的东西都是文物，不是清三代（康熙、雍正、乾隆）的官窑瓷，就是古今名人书画，哪一件东西也不是平头百姓买得起的。不说是件件价值连城，起码靠薪水生活的普通人，在问过价之后都会望而却步。因为只要是稍有点儿年份的古玩或稍有点儿名气的书画作品，普通人即便是你不吃不喝，用一年的工资也难买到一件。正因为如此，那时光顾琉璃厂古玩铺的不是达官贵人，就是有钱的文人墨客。像清末时期的大官僚李鸿藻、翁同龢、潘祖荫；民国时期的大收藏家叶恭绰、张伯驹、李石曾以及解放后的民主人士郭沫若、黄炎培、陈叔通等都是琉璃厂古玩铺的常客。在1956年公私合营之前，琉璃厂古玩铺都是不对普通人开放的。

古玩业高风险的背后是高利润，买卖冷清，赚钱却并不少，或许这就是古玩业与其他行业的不同之处，也是其魅力所在吧。

古玩经销
——与众不同的另类生意

贵重货品藏起来卖

老古玩铺在店面里摆放的瓷器大都是一般的商品，但其年份也都不低于清代道光、光绪年间，而且大部分是官窑、即便是民窑，也是民窑中的精品。古玩铺里的那些高档瓷器，如宋元瓷和明清珍品瓷，可以说件件外面都有做工讲究的锦盒包装，这些贵重商品是从不摆在玻璃柜中展示的，珍品放置在店后面用铜锁锁着的大立柜中，柜门轻易不会打开。只有在遇到真正的大买家时，店主才小心翼翼地捧出让客人验货。

熟人生意，不等主候客

正所谓"三年不开张，开张吃三年"，这个行业不怕不开张，只要一开张，就会有丰厚的利润。古玩商并不指望每日的成交量，其目光紧盯的是大藏家、大宗交易。古玩店铺大都会有自己的老顾客，定期来看货，日常生意多为固定生意。

古玩铺的店主主要是靠与自己相熟的买家做生意（行话称"跑宅门"），店主要把货送到买主家里，看货、成交都在买主家里进行，光靠门市等主候客的古玩铺很少很少。毕竟古玩铺所经营的商品都是价值不菲的古董珍玩。

买与卖，不是唯一的交易方式

店铺的交易方式存在三种情况：一是直接支付，拿货付款，最为简单；二是先把玩后支付。对于长年固定的老顾客，可以先把东西拿回家把玩，觉得没问题了才付钱，这种期限有的可以长达数年；三是以物易物。作为熟知的同行人或者收藏家，有时候在双方都觉得满意的情况下还可以物易物。其中第二种也是老古玩业不成文的规矩。

赚钱靠学问和眼力

其实说"开张吃三年"这也只是一种形容，属于文学语言，并不是数字，也不见得吃三年，也可能一年。它不仅道出了古玩行业是一个高回报的行业，也显示出古玩的珍贵。从另一个角度上看，也说明古玩行业是一个暴利的行当。我国古代还有这样的说法："土地五年涨一倍，古董十年涨六倍"、"粮食生意一分利，布匹生意十分利，药材生意百分利，珠宝字画千分利"等等。对古玩店来说，有时一个月或是一年只要成交一次就可以把几年的利润赚了回来。民国时期曾发生过这样一个经典故事：

1939年，北京前门大街一家古玩铺的王掌柜，到山东农村收东西，顺便回趟老家。他在黄县城里走街串巷闲转，见一位大嫂坐在门道里梳头，旁边小凳子上放着盛皂角水的杯子，色彩艳丽，像是好东西。这位王掌柜用当地话跟大嫂攀谈，说这个杯子好看，想仔细看看。人家答应了，他拿过来一瞧，是斗彩，釉细彩艳，松鼠偷葡萄的图案，漂亮。再举起杯子看底部，有"大明成化年制"青色双蓝楷书款。心中一喜：这可是值钱的东西，即使是后来康熙、雍正、乾隆的官窑仿制的"官仿官"，那也稀罕。他进一步与大嫂聊，问这个杯子的来历。"当家的外面拣的，我就搁了皂角子了。"听说这个掌柜的要买这个杯子，大嫂想以要高价把他吓走，就要了一块现洋。在小地方的人看，这可不是小数：一块现洋可换460个铜子，能买230份烧饼麻花。哪知这个人没还价，掏出一块现洋，拿走了杯子。大嫂高兴得不得了，认为占了便宜。王掌柜用一个大洋买下的这件成化斗彩杯，却是罕见的上乘之品。王掌柜也心中暗喜拣了个大漏。他回到北京，赶忙与伙计们一起对此杯估价，通过反复商讨，斗起胆子定价800元。

不久，一位古玩店的周老板没有还价，就以800大洋将此杯收入囊中，事后王掌柜后悔此杯价开小了，被内行人拣了漏；但反过来想，自己也赚了799元，足够自己店铺几年的开销，于是也就心满意足了。周老板将此杯带回家反复研究、仔细地欣赏。只见此杯造型轻灵秀美，胎质细腻，莹润如脂，彩色柔和，上画松鼠偷葡萄，果叶并茂，绘工精细，栩栩如生，果然是上乘成化斗彩。如此宝物，只花了800元，周老板好不高兴。古玩行里同行都知道周老板买了一件好东西，但看后谁也不愿出高价买。

过了一段时间，卢吴公司的经理吴先生对这只杯子发生了兴趣，他看完此杯后开出3 500元的价，经过讨价还价，最后以4 000元成交。周老板一转手赚了3 200元，高兴得没法说。要知道，在当时3 200块大洋绝对是一笔很大的数目。哪知后来吴先生将此杯倒卖到美国，获利逾万元。周老板这时才明白，自己被别人拣去的漏更大。真可谓"天外有天，人外有人，漏中有漏"啊。

不过，古玩行业有着很深奥的学问，即使是行家、专家，也难免有打眼的时候。这门行当也不是人人可以做的。就拿古玩的真赝问题来说，它始终挑战着买家的眼力，同时也使得许多人对此望而却步。

卢吴公司
——中国最早最大的文物出口公司

"卢吴公司"是中国近代史上最有名的私人古董出口公司，它在北京老古玩界名声非常高，可以说是无人不知无人不晓。

当时的中国正是清政府土崩瓦解的时期，国宝流散，古董市场异常红火。很多王宫贵族、八旗子弟失去生活来源，都把祖先遗留的或从宫里偷的古董拿来典卖。上海城隍庙附近是中国最大的古董市场，北京琉璃厂、天津和香港，古董交易也相当繁盛。而在当时的欧洲正是第一次世界大战之后的繁荣时期。东方热成为一种时髦，赏玩中国古董成为有身份、有教养的象征。"卢吴公司"就是在这种背景下产生的。

"卢吴公司"成立于清宣统三年（1911年），结束于民国30年（1941年），主要由旅法华商卢芹斋与上海古玩业商人吴启周等联合创设，又名 C·T·LOO。总店设于法国巴黎泰布特街34号（后移到莫佐花园附近的库基利斯街中国建筑风格寓所），上海办事处在南京路570号来运公司。系中国开办最早、向外国贩运珍贵文物数量最多、经营时间最长、影响最大的私人公司。

家境衰落的古董天才征服了巴黎

其创建人卢芹斋（1880-1957）是浙江湖州人，祖上是连续16代拥有巨业的富裕家庭。全村的大部分人都姓卢，每年春节，族里的人都聚集在祠堂烧香、磕头、拜祖。宗族中有不少显官高位的家庭，也有做买卖的生意人和平头百姓。1851年，太平天国起义军席卷江浙，特别是湖州。卢家几百年的基业毁于一旦，举家避难上海，兵乱过后回到家乡，只剩下一片残瓦碎片。卢家从此一蹶不振。

19世纪末期，卢芹斋被家人送到法国寻找商业机会。1902年结识了清政府驻法商务参赞张静江，这个绝好的机会使他的天才显露出来。张静江也是浙江人，出身豪门，是孙中山的密友，后蒋介石与他结为兄弟。此时他正在使馆做商务工作。一次宴会，见到卢芹斋，两人一见如故。他建议卢芹斋做法中贸易，开一个古董行，他可以参股协助。卢芹斋虽然没经验，但豪气十足，决定一试身手。很快他就在8区的马德岚（MADELENE）广场开了间进口公司，名叫"东英楼"。可是很不走运，他的第一笔买卖就砸了，他不得不忍痛卖掉已经运来的一货仓古董，重新体味其中的奥妙。卢芹斋身上有一种与生俱来的商业头脑和很高的鉴赏水平。他知道怎样把这两者结合起来，他学得很快，对上手的东西也极为敏感和识货，没过多久，仅仅20岁出头的他就成为古董界的买卖高手。

卢芹斋以精湛的文物专业知识和天才的商业眼光逐渐征服了

巴黎的品味。他经手的很多古董由死变活、由冷变热。卢芹斋在古董行的地位开始呼风唤雨、一言九鼎。1908年，他放弃了"东英楼"，在巴黎创立了另一家古董公司叫"来远楼"。在北京、上海设有分部，从此成为颇有名气的古董商。尽管民国期间对文物出口有法令限制，但张卢两人很可能凭借这一政治关系将大量文物运销海外。这时的卢芹斋买卖古董的数量，好像常人买卖家具、瓷器。

财大气粗的大公司

1911年至1926年，卢芹斋经张静江介绍，联合上海吴启周、苏州缪锡华、北京祝续斋合作出口文物，此时尚未打出卢吴公司的招牌。（国内北伐战争将结束时，卢芹斋和吴启周商议将缪锡华、祝续斋分出去，四人散伙，由他俩重新组合，才将卢吴公司的牌子公开亮出。）这时卢芹斋在纽约、巴黎的考古界、收藏界中逐渐出了名。祝续斋从北京进货，缪锡华从苏州进货，集中在上海，统一由吴启周往巴黎寄运，那时称"法国庄"的买卖。法国人喜爱康熙五彩、三彩、法华釉的瓷陶器，抹红、茄皮紫、孔雀绿等釉色的古瓷，还有石雕、古玉、唐三彩陶器和三代青铜器等文物。他们往巴黎出口了些什么古玩文物，无人能说清，反正出口的奇珍异宝很多，赚钱也是不少。

据说当年"卢吴公司"财大气粗，他们看上的货一般就没人和他们争了，因为他们的收购价格永远比别人高上一成，一般古董商都争不过他们。当年卢吴公司收购的古董全部是精品，举凡彝鼎、铜器、古玉、瓷器、字画、唐三彩无一不在交易范围。只要是好东西，一概接收。虽然古玉在国外还没有什么买家，但是卢芹斋也照收不误，后来他果然说服了一些欧美收藏家专门收藏中国古玉。市面上只要出现真正有价值的稀世古董，总是会流向卢吴公司这个圈子里。因为很多大件货要价极贵，动辄上万的银圆，一般的买卖人根本无力问津。而这个时代欧洲正是经济繁荣时期。东方热成为一种时髦，玩中国的古董成为有身份、有教养的象征。在中国显得昂贵的进货价钱，到了巴黎简直是便宜得可笑，故此有丰厚的利润可赚，也使这里成为了中国古董在欧洲的最大集散地。

转战纽约也知名

第一次世界大战后，卢芹斋明白美国已经成为古董市场的中心，于是，在美国纽约的第五大街557号设立分店，这是美国最大的古董店。他的名气和人脉很快使他成为许多私人博物馆的供应商和顾问。他所参与买卖的都是价值连城的中国古董。他的客人是银行家、军火商、豪门巨子如摩根 J. P. Morgan, Samuel Peters, Alfred Pillsbury 等等。比如现在华盛顿的弗利尔美术馆原本只是一个叫查尔斯弗利尔的微不足道的小铺子，就是因为收藏了北朝石棺床（上有古朴的联珠纹图案）才开始有了名气的。

吴启周、缪锡华、祝续斋继续给他在国内进货，主要是三代青铜器、唐三彩陶器、宋代五大名窑瓷器和木雕石刻、北魏鎏金造像、精美玉雕等文物。美国人比较喜爱北宋钧窑瓷器、康熙郎

187

窑红、三代青铜器、古玉、出土明器、北魏浮雕、字画玉雕……且胃口非常大，是古就是宝，价钱也出得很高。这也使卢芹斋在美国赚到了更多的钱和知名度。

战争结束了文物贸易

自1926年至1941年太平洋战争爆发期间，卢芹斋、吴启周合办的卢吴公司一直大量出口中国文物。吴启周亲自到北京、开封等地与当地的大古董商联系买货，北平辅聚斋古玩店经理王栋廷及吴的外甥叶叔重则驻京进货。

可以肯定地说，中国流出海外的一大半古董都是经过卢芹斋之手。自1915年起，卢吴公司向美国出口文物长达30年，国宝不计其数。赚了多少钱呢，卢芹斋本人都不详，仅仅作为小股东的祝续斋每年可分得银元十几万元。当年琉璃厂一间古玩铺的全年流水（总销售额）也没这么多。北京古玩老行家们讲，卢芹斋经营中国文物五十余年，经他手卖给外国人的商周青铜器不下千余件。在陈梦家编著《美国掠夺我国殷周铜器集录》中，收集845件铜器，其中有312件是经卢芹斋之手出去的。

1937年抗战开始，北京古玩市场异常萧条，而上海因租界庇护，古玩市场交易仍保持火热，甚至出现畸形繁荣。直到1941年太平洋战争爆发时，古玩业才真正受到了影响，出口销路中断，市场顿时暗淡不少，卢吴公司也正式解散。

1952年，吴启周移居美国，原卢吴公司遗留上海的3 075件存货由叶叔重代为捐献上海市文物管理委员会。

袖内拉手
——旧日琉璃厂的古玩行规与行话

古玩行业最初起源于明代，到了清朝开始出现专门的古玩铺，古玩铺遍布东西琉璃厂。著名的东有宝古斋、通古斋、翰文斋，西有韵古斋、铭珍斋、翠珍斋、伦池斋。虽然统称古玩铺，实际经营项目各有侧重：金石文玩，以上三代的青铜器石刻为主；古瓷，主为明清瓷器，宋元精品较稀少；书画碑帖，除古画古书法外，也有当代书画家借地挂笔单、寄卖。

古玩行业作为一个特殊的行业，有自己特殊的规矩。而且古玩业圈内人在谈及业务时，为了不让外人听懂，常使用"隐语"也就是"行话"。

袖内拉手，秘密成交

我国古玩行内交易集中在同业公众会所设的"审货场"。同行人议价，习惯用"袖内拉手"方式，成交价钱都是在袖筒里来去，双方秘密地议妥成交价格，旁人很难知道一个真实的价钱，始终保持着一种神秘色彩，最终以报价高的胜出。在这里现场交易，绝非一般人都可以进行的。因为这里是当场看货，马上鉴别其真伪，当即拍板，丝毫不容考虑拖延。这就是古玩行重要的一个规矩。

封货与拍卖

如果一件古玩大家都抢的话，显然袖筒成交法就行不通了，这样就得"封货"。"封货"也是行话，封货有两种办法，一种是暂时封存，另一种实际是拍卖。如果买家看好了一件东西，一时讲不妥价钱，卖方常常会主动提出"把货封存起来，不给别人看了"，表达出想卖给对方的诚意。于是，卖方将货包好，买主则写张封条贴上，等下次来时由买主亲自启封。拍卖"封货"的方式是，卖货人写出底封，即写上要求出售的价格，然后买方各自填写密封签，标明价格，进行投标，最后拆封唱价，价高者得，遇有标价相同时，就用抽签方法决定属于谁。同业公会则按成交额收取一定的费用。

公平的窜货场

窜货场不准未经当众将货摆出、议价，便私自背后"掏货"，还不准欺行霸市、打架骂人，违者轻则罚款，重则不准许再进入"窜货场"买货。行会规定"买卖公平，双方有利"，但买货人必须识货有眼力，否则买来"打眼货"，非但经济损失，还会被同行作为笑料传播。古董商一旦打眼受骗，便会将所买的赝品收藏起来，不给人看，也不向外说。如果是徒弟、伙计买了"打眼货"或价钱过高，掌柜的可请行会出面调解，要求对方让价或退货，行话称之为"砸浆"。

老古玩行的窜货市场同时也是一个考场，一个学徒要想出师独立必须得上窜货场，在这里同行们要考验你的能耐，就是通过你当场买卖一件古玩，看你是否能验出真假，开出的价格是否合适。要想拿回去研究研究再给个说法，那是根本不可能的。只要当场看准了，开出的价钱也公道，就可得到同行们的认可了，表示你可以出师独立了。

钱少可以合伙买一个东西

有某件古玩，甲方要卖，乙方想买，由于旧时消息不灵通，买卖双方想直接见面商谈并不容易。于是产生了一个叫中间人的角色给联络、说合。中间人当时称之为"拉纤的"，赚取佣钱的规矩是"成三破二"，也就是买卖谈成之后买方出3%的佣钱，卖方出2%的佣钱。不过交往几次以后就很少会这样收佣金了，因为熟客都明白行情，也不好意思另收钱。但是在商言商，利益为重，谁也不能白忙一场，于是"伙货"的情况出现了。"伙货"，即合伙买卖古董。一般是某件古玩价格较高，大家合伙买卖，买时大家都过目，也有不看货只是声明一下"我入伙了"也行。卖时可由一人或大家一齐售出，售价是早已商定好了，售后平均分配赢利。

包袱斋是代理商的移动小店

古玩行人可以相互"搂货"，就是将对方的货拿来代为销售。不论这件古玩值多少钱 也不论谁来搂货，凡是同行的认识人拿走东西，不用写收条立字据，只管拿走，用行话叫"拿活口"。双方都恪守信用，形成一种行业的传统规矩，很少有搂货不认账的事，因而，才出现了"包袱斋"。古董商中有资金和藏品者就自立门户当掌柜，开家古玩铺，但有的人眼力好，会做生意，可惜没有钱，便开个"包袱斋"，可分文不用，拿块蓝色包袱皮布，到各家古玩铺搂货，搂来的货可以卖给买主，也可卖给同行，靠此发财。当时北京最大的古董商岳彬，就是从"包袱斋"起家的。

古玩商人要先做文化人

古玩商既是商人，也是很有学问的文化学者，即便是没有学问的人在古玩铺待久了也会养得很有学问了。正规古玩铺的铺章是"以学养商，经营有方；待人以礼，不卑不亢"。那时的学徒们白天站柜台经营，晚上关门以后除了看书就是写字。店铺伙计见了顾客(顾客大多是极有身份与学问的人)，也不用鞠躬称老爷，都点头称年兄（同年考上举人的人之间的称呼，后来成为泛称了），大学士们见了古玩铺掌柜也称年兄，这是规矩。古玩行的规矩还有就是说话得讲文词，清末民初时还讲究转文，白话是后来才有的。敬茶也有规矩，比如夏天喝什么茶，冬天喝什么茶，怎么端

192

茶怎么转身都有说法。端茶不得胳膊对着别人，敬完茶后不得立即转身，而是要往后退三步才能转身，否则就是将屁股给别人看，为不敬。

　　凡经营古玩者，要谦虚和蔼，风度文雅，以渊博的知识接待顾问，方能得到顾客的尊重和信任。同时必须懂得鉴定，对所售之物品能讲出来龙去脉，对古玩上的民俗图案能说出原委，例如"三阳开泰"、"五子登科"、"鸳鸯戏水"……是什么意思。用以提高所售物品的历史与艺术价值，激发购买者的兴趣。

不打假、不三包
——古玩行不过3·15

古玩行的行规还有很多。最大的行规就是一般不打假、不三包。旧货与新货，是古元最基本的分类，而大部分交易的微妙之处正在于此。内行买卖很简单，话不多，先给东西定新老，价钱差好几倍，如果老货和新货搞错就真的搞大了。在这个行当，只有新旧之分，没有"假货"一说，行话讲：没有受骗的，只有看走眼的。

一般古玩铺陈列的古玩有真有假，还有"撂跤货"，即真假未定的货，但不标明真伪。来买货的眼力也不一样，有人看真，有人看假。如果是真东西，买主看真，卖主看假，被买走了，这叫"拣漏"；如果是假东西，被人买了，这叫"打眼"。都不能称之为骗人或受骗，双方都认为是眼力问题。卖货不骗人、买货不受骗的古董商极少。骗人分两类，一类属于被迫，一类属于故意。被迫骗人是说明明是件赝品，买主看是好东西，卖主不能说是赝品。本来是雍正仿宣德的青花瓷器，买主说是真正宣德的，卖主不能说雍正仿。一种原因是说实话卖不了好价钱；另一种原因则是有的买主自恃高明，如果反驳他，他会说你看不起他，不但这次生意吹了，下次他也不会再来了。故意骗人的方法很多，为了赚钱以假充真。我们知道古铜器、陶器、瓷器、字画等都能整修和复制。破、碎的可以修复完整；有实物的可以仿制成复制品；青铜器可以做假锈、没花纹的可以錾刻；瓷器可以后加彩；字画可以落假款等等，总之花样很多。专门从事这行手艺的人也不少，他们技艺高超，做出的东西可以达到以假乱真。使人难辨真伪，非有经验的行里出身的人，是难以胜任鉴定这种文物的。但是不论被迫还是故意，这种骗人在古玩行中既不禁止也不认为可耻。可是，偷是万万不行的，那是被人认为最愚蠢的人干的事。在古玩行里，一旦发现谁偷了东西，谁就永远不能在这行里干了，这条行规非常严格。

琉璃厂中行话很多，"喀啦丸"这个词现在还流行。文物界人见到一件东西，如果觉得没有价值，就叫它为"喀啦丸"。

古玩行历来讲究拣漏儿，这个词在当年琉璃厂的行里叫"抄一号"。

"打眼"是说没看准东西被人蒙了。买了"打眼"货不但自己赔钱，还要丢人现眼。所以一旦"打眼"，发现后货主会赶紧把货锁起来，不再给人看，怕被同行人当笑料说出去，有碍自己的名声。

琉璃厂行话还有"撂跤货"、"川货"、"撬货"等。"撂跤货"是指尚未确定年份或真赝的古玩。在同行业货铺之间买卖的货物叫"川货"，也叫"川行"，有的店铺专做"川行"生意。"撬货"是指当有人给了价，货主犹豫之际，又有他人添钱抢买，以"撬"字言之十分形象。

过去的古玩生意多为文人雅士间的买卖，很讲究情调，不兴讨价还价，后来就有所不同了，也同买卖其他商品一样，可以商讨价钱。当年，卖古玩不明码标价，只凭伙计口头一说。古玩买卖双方都以风雅为能事，不说买也不说卖。买方会说："请把这件东西匀给我。"卖方如果愿意出售，就会说："我可以把它让给您，您拿去玩吧！"这大概也算做一种行话。

佳士得拍卖行
——四代创业，百年风雨

　　提起艺术品拍卖，人们总要想到国际艺术品拍卖市场的霸主、世界最有名的两大艺术品拍卖行——苏富比(Sothby)和佳士得(Christie)。

　　佳士得拍卖行（又译"克里斯蒂拍卖行"）的历史非常悠久。这也许与整个国家的文化及殖民历史背景有关。直到今天，英国人似乎都有个习惯，就是喜欢在欧洲大陆的旅途之中购买油画、家具、银器及艺术品带回英格兰。当时，佳士得拍卖行的鼻祖詹姆士·佳士得发现了其中的商机，他是一位来自澳大利亚佩思的苏格兰人，1766年便在伦敦创立了自己的拍卖行，拍卖行的名称就叫"佳士得拍卖公司"。当时正是我国的乾隆皇帝统治的中期，距今已有两三百年的历史了。公司创立之初，主要拍卖古籍、珍贵手稿及绘画等。

　　佳士得是当今世界上历史最悠久的艺术品拍卖行，自其创办人詹姆士·佳士得先生于1766年12月5日在伦敦举办首场拍卖会以来，佳士得迄今拍出的艺术品、家具、珠宝及名酒等犹如天际繁星、不计其数。时至今日，佳士得规模俨然，其拍品类别不断

197

增加，是举世公认的权威拍卖行之一。其公司的拍品类别超过80种，涵盖各式艺术品、珠宝、名酒及其他精品，种类包罗万象。而且佳士得的艺术品拍卖价格屡创佳绩；与此同时，佳士得的拍卖会也推出不少价廉物美的精品。

佳士得公司开张不久时筹备举行的首次拍卖会虽然拍卖的物品有89件，拍卖成交额仅为176镑6便士，但是已经引起了英国公众的注意。后来佳士得又成功地举办了法国国王路易十五王妃的珠宝拍卖，创下了高达1万英镑的成交额，这在当时艺术品拍卖业中可以说是一个天文数字，佳士得由此一举成名。而且佳士得本人在18世纪和19世纪使拍卖成为一项程序复杂的艺术。年轻的佳士得凭着自己超群的口才、幽默和机智，在激烈的竞争中取胜，成为当时最优秀的拍卖主持人。他曾成功劝说当年收藏俄罗斯皇后油画的藏家将画作在佳士得拍卖，而这些旷世佳作的拍卖也因此成了佳士得拍卖史上的里程碑。

此后，佳士得拍卖行举办了一系列著名的拍卖活动，生意也越做越大。1778年，佳士得公司成功地为豪顿的渥尔波爵士珍藏的绘画作品进行估价，商议卖价为4万英镑，悉数转让给买家俄罗斯帝国的叶卡捷琳娜女王。当时的4万英镑，对一般人来说可是一个天文数字。

1795年佳士得又做了两桩大买卖，4天的雷诺兹爵士藏品拍卖卖得10 319英镑；在杜巴莉夫人授权下，她的珠宝饰品又拍卖得近1万英镑。

两年以后，英国著名画家荷加斯的油画《时髦婚姻》卖得1 050英镑。这是第一件突破1千英镑的拍卖单品。

1803年，詹姆士·佳士得逝世，小佳士得接掌公司。在他任职的近30年中，拍卖成绩平平，他只是在1823年将佳士得拍卖行搬迁到了现在的圣詹姆斯广场，其总部设在国王大街8号，距英国女王居住的白金汉宫咫尺之遥，如今那里已成为佳士得公司的总部。1831年，小佳士得也死了，富商威廉·曼森加入该公司，并掌管事务，公司于是改名为"佳士得和曼森拍卖行"。但曼森期间，拍卖成绩也不怎样，仅在1848年搞了一次长达40天的白金汉公爵藏品拍卖，但是不过卖得77 562英镑。1859年，托马斯·乌兹加入该公司，执掌大权，拍卖行又更名为"佳士得、曼森和乌兹拍卖行"。到了佳士得的第三代以后，经营者几经变更，拍卖公司里已经没有了佳士得家族的成员。

1876年，英国著名风景画和肖像画家庚斯博罗(1727–1788)的《特文肖公爵夫人像》由佳士得公司拍卖，成为第1件拍卖到1万英镑的艺术品。此后名家油画的身价大增，1882年佳士得在伦敦汉密尔顿宫举办为期17天的拍卖会，其中有11幅油画被国立美术馆看中，以总计397 562英镑的价格成交。从此，佳士得在整个欧洲的名声大噪。

第一次世界大战期间，佳士得为红十字会总共举办过7次系列义拍活动，累计筹款40多万英镑。

1926年，英国画家罗姆尼(1734–1802)的《达文波夫人像》卖得60 900英镑，那是两次世界大战之间最贵的艺术品了。另外值得一提的是，1928年从豪福特收藏馆拿出的78幅绘画一个早上就被拍卖一光，共得364 994英镑。

第二次世界大战开始，人心惶惶，艺术品拍卖转入低潮，

1941年伦敦的"不列颠大轰炸"更是雪上加霜，佳士得公司驻地毁坏惨重。以后的办公地东迁西搬，直到1953年老地方国王街8号新楼造就，才又迁回原处，安定下来。

随着战后经济的复苏，巨商大贾腰包里又有了钱，艺术品买卖又开始兴隆起来，1956年一张荷兰画家伦勃朗的《梯德斯像》卖得798 000英镑。1970年更不寻常，西班牙画家委拉斯贵支(1599-1660)的《朱安·德·帕勒加像》以231万英镑的价格成交，它是拍卖史上第一件打破100万英镑纪录的艺术品。

从1968年开始，佳士得注意拓展国外业务，该年在日内瓦设立其第一个国外办事处，专营珠宝业务。1977年在美国纽约设立办事处，并举办拍卖会，大获成功。1979年在纽约又设立一个新的办事处，名为"东佳士得"。值得一提的是，1973年，佳士得在伦敦证券交易所上市，这样大大增强了公司的活力。但是和苏富比一样，上市后的佳士得也遭到收购。1998年5月，法国商人弗朗索·皮诺以12亿美元的价格收购佳士得。从此，佳士得成了法资公司。

20世纪80年代起，佳士得的业务蒸蒸日上，服务体系也渐趋完善，多次刷新了拍卖史上保留的世界纪录，其中不乏中国艺术品的成交纪录。

1980年纽约福特收藏馆的印象派画家作品卖得600万英镑，从此印象派绘画行情看好，有后来居上之势。1984年对恰兹沃斯所藏的71幅18世纪前欧洲伟大画家的作品进行拍卖，合计卖得2千万英镑，其中拉斐尔的一幅作品卖得350万英镑。同年在赛福克的埃尔卫登厅举行的拍卖会也卖得620万英镑。

1985年，意大利文艺复兴初期画家曼坦尼亚(1431–1506)的一幅《博士来拜》成为拍卖过的18世纪前欧洲名画家作品中最贵的一幅，高达810万英镑。印象派绘画也不甘落后，1986年马奈的一幅《莫斯纳派物斯大街》卖到770万英镑，创印象派作品的最高纪录。

　　1987年，在拍卖业的"疯狂年代"，凡·高的作品《向日葵》以2 475万英镑在伦敦佳士得拍卖行成交。另一幅凡·高的《钦克泰勒大桥》卖得1 265万英镑。一幅德加的作品则高达748万英镑。另外，一部古登堡《圣经》卖得326万英镑；一颗重64.83克拉的法劳莱的钻石卖得384万英镑；一辆布盖提路易尔牌的轿车卖得550万英镑。1988年，凡·高、毕加索等人的作品都有拍卖好成绩，像凡·高的《拉沃克丝像》卖得1 375万美元(733万英镑)，毕加索的《耍杂技的年轻小丑》卖得209万英镑。

　　1989年，佳士得公司举行的拍卖会上，文艺复兴画家蓬托莫的《美第奇公爵像》卖得3 520万美元(2 230万英镑)，打破以往18世纪前欧洲大画家作品拍卖的所有纪录。还有一张尼古拉的棕色桌子在纽约卖得1 210万美元(750万镑)，除绘画外，在艺术品中算是世界纪录。进入20世纪90年代，佳士得最可夸口的是凡·高的《加歇医生像》打破所有拍卖纪录，成交价为8 250万美元(4 910万英镑)。20世纪90年代后期，佳士得在世界艺术品拍卖市场上不断创造拍卖奇迹。但最值得一提的恐怕还是2005年7月12日在英国伦敦艺术品拍卖会上，中国元代青花瓷罐"鬼谷下山"以1 568.8万英镑（折合2.3亿元人民币）成交创下的拍卖纪录。

　　现在的佳士得拍卖行已经在世界30多个国家设有上百家分公

司，拍卖中心设在伦敦和纽约，仅伦敦一处就有两个拍卖场地，星期一举行陶瓷拍卖，星期二举行绘画拍卖，星期三则是家具拍卖等。除此之外，它还在日内瓦、圣莫里兹、蒙特卡洛、罗马、格拉斯哥、墨尔本等地举办定期拍卖会。随着亚洲市场的发展壮大，佳士得又先后在中国的香港、台北和广州，新加坡，印度孟买和韩国首尔等地设立了分公司。拍卖内容包括了所有文物艺术品类，年成交额有数十亿美元之巨。公司每月出版杂志预告拍卖的物品，每周几乎都有令人振奋的拍卖消息。

同时，佳士得公司的伦敦总部修饰一新，使国王大街成为画廊，使附近拍卖行林立。佳士得公司是世界上最为完备的拍卖场所之一。